课堂教学新样态丛书

丛书主编 杨四耕

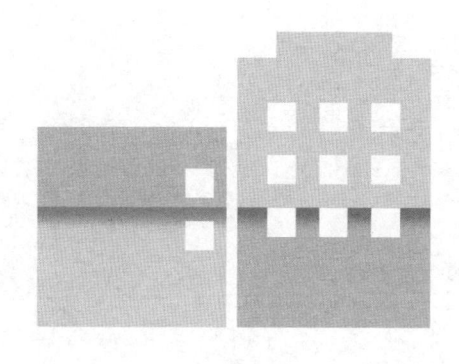

课堂教学的资源设计与方式变革

武卫清 丁艳君 ◎主编

华东师范大学出版社
·上海·

图书在版编目(CIP)数据

课堂教学的资源设计与方式变革/武卫清,丁艳君主编.—上海:华东师范大学出版社,2022
(课堂教学新样态丛书)
ISBN 978-7-5760-3620-6

Ⅰ.①课… Ⅱ.①武…②丁… Ⅲ.①课堂教学-教学研究-小学 Ⅳ.①G622.421

中国版本图书馆 CIP 数据核字(2023)第 004892 号

课堂教学新样态丛书
课堂教学的资源设计与方式变革

丛书主编　杨四耕
主　　编　武卫清　丁艳君
责任编辑　刘　佳
项目与审读编辑　林青荻
责任校对　王丽平　时东明
装帧设计　卢晓红

出版发行　华东师范大学出版社
社　　址　上海市中山北路 3663 号　邮编 200062
网　　址　www.ecnupress.com.cn
电　　话　021-60821666　行政传真 021-62572105
客服电话　021-62865537　门市(邮购)电话 021-62869887
地　　址　上海市中山北路 3663 号华东师范大学校内先锋路口
网　　店　http://hdsdcbs.tmall.com

印　刷　者　浙江临安曙光印务有限公司
开　　本　787 毫米×1092 毫米　1/16
印　　张　15.75
字　　数　147 千字
版　　次　2023 年 2 月第 1 版
印　　次　2023 年 2 月第 1 次
书　　号　ISBN 978-7-5760-3620-6
定　　价　52.00 元

出　版　人　王　焰

(如发现本版图书有印订质量问题,请寄回本社客服中心调换或电话 021-62865537 联系)

编委会

主编 武卫清　丁艳君
成员 刘海平　童建芬　王莉莉　杨秀娟

丛书总序

被重新定义的课堂

苏联教育家赞科夫在《教学与发展》一书中指出：课堂教学必须"使班上所有的学生都得到一般发展"。也就是说，课堂教学要引导学生在认知、情感、技能等方面发生整体改变，在思维方式、情感体验、思想境界、为人处世等维度发生实质性变化，课堂教学应释放出生命感、意义感、眷注感、智慧感、美妙感、意境感、期待感……

长久以来，我们的课堂特别重视知识传承，以致许多学生能从容应对考试，却在生活中显得无能。有一位德国专家说："你们的教科书比我们的教科书厚，你们的题目比我们的题目难，但是你们得买我们的货。"这句话给我们的教育敲响了警钟，值得每一个人思考：请给知识注入生命，用经验激活知识，用智慧建构知识，用情感丰富知识，用心灵感悟知识，用想象拓展知识，让知识变得鲜活，让孩子们领悟到生命的伟岸！课堂教学是思想与思想的碰撞，是心灵与心灵的相遇，是生命与生命的对话，让我们用热情去拥抱课堂——课堂是眷注生命的地方。

我们必须清醒：如果把揭示人生的意义看作是认识论的任务，我们就永远不可能把这个意义揭示出来，因为，知识的增长并不一定使生活变得完美。当认识、知识成了第一性的东西，情感和意志便成了奴仆。这样，一个人受的教育越多，他们的思想就越会被包裹在一层坚实的知识硬壳之中。其实，臻达人性完美需要"另一种"教学，这种教学与理解联姻，教学本身即理解，理解本身即教学。教学是生命意义的澄明，使人不断地自我超越，"不停地'进入生活'，不停地变成一个人"。说白了，课堂里蕴涵着"人是什么"的答案。因此，在一般意义上，教学即对理解的自觉追求；在终极意义上，教学即理解。它们共同揭示了一个深刻的道理——课堂是善解人意的地方。

俄国教育学家乌申斯基曾经说过："教育的主要目的在于使学生获得幸福，不能为了任何不相干的利益牺牲这种幸福。"诺丁斯也提过："好教育就应该极大地促进个人和集体的幸福。"课堂教学是师生双边活动，没有教师幸福地教，也就没有学生幸福地学。当老师和学生积极参与到课堂教学之中，让生命释放意义感，他们就能在丰富多彩的教学活动中成长，获得生命意义上的幸福感。幸福是人类的永恒情结，课堂教学不仅应给人高品位的精神生活，而且应给人高品位的幸福体验。从一定意义上说，课堂是守望幸福的地方。人的一生能否过得幸福，很大程度上取决于他今天在课堂生活中能否获得幸福。这或许就是课堂教学的深刻意义所在。

我们的课堂善用纪律规范行为，用训练规约思想，却漠视人的情感与独特感受，课堂因此没有了盎然的生气。课堂理应是春暖花开的地方，宁静，安全，温馨，轻松。在这里，有家的感觉，不用担心"万一说错了怎么办"，孩子们敢于说"我有不同的想法""老师，你讲错了"；在这里，孩子们不怕"露怯"，不怕"幼稚"，能道出困惑，能露出观点，能形成质疑；在这里，有诗情画意，有奇思妙想，有思维碰撞，有情景，有灵气，课堂因此有了一种奇妙的意境感。

课堂也是为放飞梦想而存在的。孩子们充满想象，面对这个世界，他们无拘无束，内心有太多美好的期待。他们渴望走向社会，走进自然。课堂是广袤的天地，上下五千年，纵横数万里，任你穿越。课堂中心、书本中心、教师中心，多么不堪一击！课堂教学要回归曾经远离了的生活世界，穿越时间隧道，把过去、现在、未来浓缩在一起，跨越空间的界碑，让孩子们享受人类文明的成果。由此，课堂是凝视梦想的地方，这里有未来，有远方，有充满张力的诗……

怀特海说："教育的目的只有一个主题，那就是五彩缤纷的生活。但我们没有向学生展现生活这个独特的统一体，而是教他们代数、几何、科学、历史，却毫无结果……以上这些能说代表了生活吗？充其量只能说那不过是一个神在考虑创造世界时他脑海中飞快浏览的一个目录表，那时他还没有决定如何将它们合为一体。"怀特海的观点是令人深思的：知识并不代表生活，生活需要智慧。很多时候，课堂与知识无关；课堂是一种态度、一种生活。有什么样的态度，就有什么样的生活。课堂教学的核心意义在于传递生活态度，让孩子们彻底明白：生命的厚度在于拥有静谧的时光，让心灵溢满宁静与幸福。这样，提高课堂教学有效性，就不再是让课堂的每一分钟都压得学生"喘不过气来"。无论如何，我们应该懂得，课堂是一个酝酿牵挂的地方。

派纳在《健全、疯狂与学校》一文的结语中说:"我们毕业了,拿到了证书却没有清醒的头脑,知识渊博却只拥有人类可能性的碎片。"这多么令人深思啊!当人的需要、价值、情感被淹没在单纯的知识目标之中,生命感在这里便荡然无存。将课堂教学视为纯粹的认识活动,片面发展人的认识能力,看不到人的整体"形象",特别是作为"在场的人"的"整体形象"被抽象;放眼世界,人之精神远遁,迷失于庞大的"静止结构",这便是"教学认识论"的"悲剧范畴"。其实,课堂是一个意义时空,教学即谈心,学习即交心。当我们真正把学生看作活生生的人,就会发现:原来,课堂是点亮心灵的地方。

课堂教学是富含智慧和艺术的活动。只有把教师的主导性和学生的主动性都激发出来,才能算作真正的课堂教学。说白了,课堂是智慧碰撞的地方。课堂教学要善于抓住转瞬即逝的思维亮点,促成智性的提升和灵性的妙悟。如何围绕教学目标,理清教学思路,选用教学方法,驾驭教学机制,促进孩子们智性跃迁与灵性发展?如果我们只是单纯地传授知识,教师拼命讲,学生认真听,被动地接受,长此以往,学生的大脑便会"格式化",发展便得不到真正的保障,他们只能在大脑中形成直线型知识反馈通路,无法呈现富有生命情愫的、饱满的人的形象!

对于课堂,我们可以有无穷的定义。一位哲人曾经说过"一种文化首先意味着一种眼光","眼光不同,对所有事情的理解就不同"。当课堂被重新定义的时候,当我们真切地回归课堂教学人文立场的时候,检视课堂教学的"眼光"便有了新的角度,课堂教学便有了新的样态。

杨四耕

2022 年 9 月 20 日于上海市教育科学研究院

目 录

前言　以资源设计变革学习方式 / 001

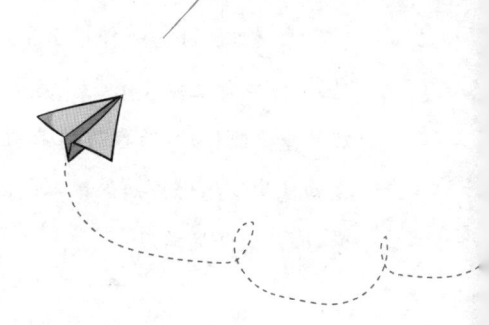

第一章　条件性资源：深度学习的关键变量 / 001

条件性资源在很大程度上决定着课堂教学品质。教师在引导学生深度学习的过程中，可以以不同的方式利用条件性资源：从特定学习材料的角度，为学生的视觉学习提供条件支持；从教师自身作为条件性资源的特性出发，为学生的模仿学习发挥示范作用；从媒介角度，为学生的语境学习提供素材；从设备与环境角度，为学生的游戏学习提供信息技术支持。

- 第一节　视觉资源与视觉学习 / 004
- 第二节　示范资源与模仿学习 / 020
- 第三节　媒体资源与语境学习 / 028
- 第四节　信息资源与游戏学习 / 035

第二章　素材性资源：学习内容的精彩演绎 / 041

　　素材性资源能够作用于课程，并能够成为课程的来源，其存在形式可以是物化形态，也可以是生命化形态。其中，教材是最基本的也是最主要的素材性资源，是教学内容的重要载体；生活经验则是素材性资源的重要组成部分。教师要利用教材引导学生主动建构结构化的知识体系；引导学生将学习与生活经验相联系，关注生活，在生活中学习，以生活促学习。

- 第一节　情境插图与语境学习 / 043
- 第二节　教材资源与概念学习 / 050
- 第三节　生活资源与阅读学习 / 058

第三章　本体性资源：点燃学习的内在火焰 / 065

　　本体性资源是来自学习者内部的动力资源。课堂教学必须尊重学生的学习本能，遵循学生的学习规律，从其本能的发展需要出发，为其提供必要的学习材料，以激发其内在的学习动机，点燃学生学习的内在火焰。巧用本体性资源，构建以学生为中心的课堂，充分调动学生学习的积极性，为其自主学习提供内在支持，是课堂教学资源设计与学习方式变革的重要维度。

- 第一节　微视频与主体学习 / 068
- 第二节　导学单与情境学习 / 077
- 第三节　学习单与合作学习 / 083

第四章　具身性资源：进入身心灵一体的学习境界 / 091

具身性资源是创设学生体验性学习所需的各种情境资源,包括学生身体所处的物理、人文环境,也包括教师创设的与学习内容相关的学习情境。在教学过程中,运用具身性资源,为学生营造相对宽松的学习氛围,让学生通过亲身参与,在做中学,在体验中将身体与所学的知识、技能建立紧密的联系,激发其积极情绪,促使学生进入身心灵一体的学习境界。

- 第一节　英语动画与配音学习 / 094
- 第二节　信息技术与活动学习 / 102
- 第三节　核心问题与探究学习 / 110

第五章　生成性资源：启动学习者的内部生成 / 119

生成是重过程、重关系、重创造、重个性差异、重具体的一种思维方式。生成性资源是为激发学生学习的内部动机,为其主动学习提供条件的学习资料。教师和学生是重要的生成性资源。课堂教学要重视激发学生的内部动机,启动其内部生成机制。设计教学活动,应给学生创造可以自我掌控学习的机会,营造以其为主的氛围,选择那些能引起学生的兴趣并能激发其思考的生成性资源。

- 第一节　主问题与对话式学习 / 121
- 第二节　问题链与表达学习 / 129
- 第三节　图形资源与观察学习 / 136

第六章　解构性资源：不断完善个体知识的意义 / 143

　　解构是意义的不断生成转换，又不断消解与建构的过程。解构性资源，首先是能引起学生原有认知结构发生调整和改变的新知识，它与原有知识结构相关联却又有所差别，足以打破学生的原有认知结构。解构性资源能够体现出强大的开放性和无终止性，具有一定的创新性。解构性资源为学生学习的发生提供可能，促使学生通过"解构——建构——再解构——再建构"的循环往复，不断完善个体知识的意义。

- 第一节　任务资源与自主学习 / 146
- 第二节　绘本资源与故事学习 / 155
- 第三节　作业资源与创新学习 / 161

第七章　策略性资源：学会学习的知识与工具 / 171

　　策略性资源是能为学生的学习提供策略指导与借鉴的资源，其主要载体是策略性知识。策略性资源的运用，就是要为学生的学习提供知识载体与认识工具，教会学生习得与运用策略性知识，使学生学会高效学习、记忆和思维的技能，培养其"学会学习""实践创新"的素养。教师要将自己的教学策略作为主要的资源，引导学生通过观察、操作练习，将教学策略与自己的学习策略相结合，形成适合自己的学习方法和策略。

- 第一节　器材妙用与操作学习 / 173
- 第二节　群文资源与阅读学习 / 178
- 第三节　板书资源与建构学习 / 183

第八章　情境性资源：进入学习的生动场景 / 193

情境性资源是为满足学生需要而创设的学习情境，学生在具体的场景中学习知识、运用知识。创设的学习情境应尽量贴近学生的经验，关注学生的情感体验，富有情境化色彩，让学生产生较强的参与感，吸引学生主动进入情境，扩大参与性。此外，教师还要设计与情境相关的学习活动，通过现代信息技术提供情境学习的材料，让学习在活动中发生。

- 第一节　生活资源与自主学习 / 195
- 第二节　绘本资源与立体学习 / 202
- 第三节　媒体资源与视听学习 / 209
- 第四节　主题语境与活动学习 / 215

后记 / 225

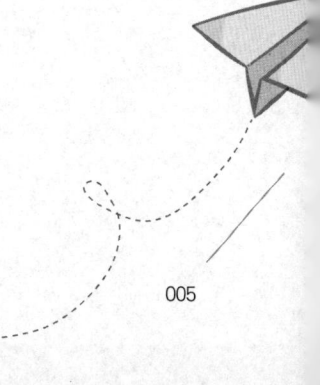

前　言

以资源设计变革学习方式

　　上海市嘉定区古猗小学创办于 2012 年 9 月,地处中国历史文化名镇南翔镇。学校坚持把立德树人作为教育的根本任务,坚持贯彻嘉定教育"传承教化之风、镕铸品质教育"的核心理念,以"和美教育"的办学哲学为引领,积极探索"和润生命、美泽人生"的办学理念,努力倡导"和谐、奋进"的校风,"和正、博远"的学风,"和谦、精业"的教风,围绕"和煦管理、和润德育、和馨课程、和乐课堂、和悦教师、和畅环境、和洽联盟"的七条路径,优化育人环境与氛围,激发教师的需求与活力,培育学生的能力与人格,实现

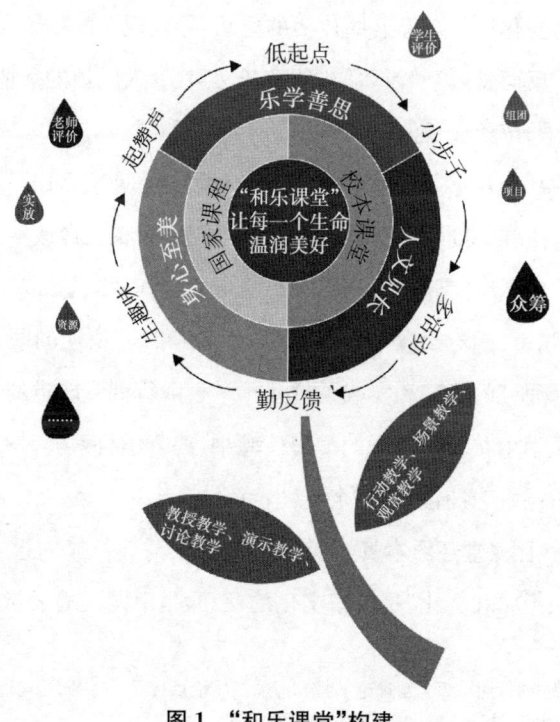

图1　"和乐课堂"构建

学生、教师与学校的和谐美好发展。为进一步落实和深化教育教学综合改革，在转变中提升办学品质，学校不断深化"和乐课堂"的内涵研究，通过对传统课堂教学模式的改革，重构教与学的关系，以"让课堂和谐，让学生快乐"为基本理念，使课堂模式从"教学"变成"学教"，教师由"说教"变成"引导"，让学生的学习潜能被无限激发，让学生逐步进入深度学习的可持续发展状态中，让每一个生命温润美好。

一、"和乐课堂"的主要特征

没有优质的学校教育是无法培养出优秀的人才的，聚焦当下社会普遍存在的教育教学问题，我们发现，有些人持有的价值认同与学校的大相径庭，如"知识中心"[①]，主要体现在对学科知识的过分看重，认为在校学习仅仅是学习科学文化知识而已；"训练中心"[②]则认为只要对孩子施以高强度的反复训练，他们就能很好地掌握所学内容；"分数中心"就是以"成绩"作为衡量孩子学业成果的唯一方式，漠视他们在学习过程中的充分体验和情绪变化等。以上这些片面的看法，导致现在的孩子在学习上很难获得快乐，取得成就感，反而觉得"学习"是一件又苦又累、令人厌烦的事情，久而久之，会将一个原本健康、快乐、茁壮成长的孩子推进一个"死胡同"。

为转变这样的社会观点，打破"学习就是分数""学习就是知识"这样的认同，转变孩子对待学习的看法和态度，引领他们走向和谐快乐，学校在课改实践中提出了"和乐课堂"这一理念。"和乐"二字取自《诗经·小雅·鹿鸣》中"鼓瑟鼓琴，和乐且湛"，意思就是，弹瑟奏琴勤相邀，融洽欢欣乐尽兴，诗句中的"和乐"描绘的既是一种情态，也是一种关系。"和乐课堂"的研究和实践是这几年学校践行课堂改进的重要举措，其核心和归宿点就在于让学生在和谐快乐的学习体验中，提升学科素养，发展思维品质，提高学习能力，故"和乐课堂"具有以下两个显性特征：

（一）和谐——让课堂还原本真

从文化视角入手，"和文化"是中华文化的核心，是中国人的根与魂之所在，是一种

[①] 黄首晶,汪巧. 对"以知识为中心"批判理论的批判[J]. 三峡论坛(三峡文学·理论版),2010(1).
[②] 马尔科姆·格拉德威尔. 异类[M]. 北京:中信出版社,2020.

普世的价值观。只有"和文化"下培养出来的人,才能自觉地去创建和谐社会与和谐世界。所以,"和"不仅仅是校园文化的反映和渗透,更是对国家文化的发扬与传承。

从课堂教学的角度看,"和"也是师生关系的重要体现。教师与学生若能在思想观念、教学/学习习惯、行为方式等各方面都显示出融洽的状态,就能在教学过程中实现互相倾听、互动交流、共同成长的目标,到达相对平衡的状态。"和"就是持续激励教师的教学情怀,不忘教学初心;学校从培养业务能力、端正教学态度、转变教学观念、提升自我修养等诸多方面为教师提供机会和平台,让教师从内心认识到自己的努力和付出被充分肯定。"和"就是教师在提升自我素养的同时成就学生,学生在获得成功体验的同时惠及教师,两者之间形成一种比较契合的关系。这就是"和乐课堂"的核心追求。

(二) 快乐——让课堂持续升温

从教学视角去看,对"乐"字的主要理解简而言之就是,学生学得快乐,教师教得快乐。如何让教师教得快乐?必定是让教师在自己辛勤耕耘的岗位上得到成就感,即教学能力被认可、学生学业有提升,可这种"成就感"时常被一些"熊孩子"带来的"挫败感"所代替。如何让学生学得快乐?必定也是让学生在自己的学习过程中获得赞许和肯定——时常被老师表扬、作业全对满分等,但这也时常被教师"严格的要求"一扫而光。所以,寻求两者之间的"支点"使两者都满意,才是关键。故"和乐课堂"的"乐"字包含三方面内容:

(1) 乐学。"乐学"是一种"乐在其中"的学习境界,可指悠闲、舒畅、全身心投入的学习,是一种内驱力的全然体现。具体表现为:学生全身心投入学习,并能持之以恒;在学习活动的过程中表情愉悦,身心愉快,乐于分享,乐于合作;主动探寻学习点,并能从点到面,从而进入深度学习状态。

(2) 创思。"创思"即创生思维,通过学习行为促发学生的思维生长并持续发展,从低阶思维向高阶思维顺利过渡。具体表现为:学生在学习活动中,有问题意识,能在独立思考或教师引导下提出有价值的问题;在发现问题后,通过同伴合作谋求策略,从而设计解决问题的途径;在系列学习活动结束后,高阶思维水平有所提升。

(3) 育美。"育美"即"美育",是审美情趣培养的过程体现。推动学生通过学习活动,观察感悟生活,发现事物内在魅力,提升鉴赏能力。具体表现为:学生善于发现学习生活中的美,品行至真至善;对待学习内容,具有一定审美能力;能根据具体事物进行辨别学习,并进行比较清楚的表述。

基于以上特征,学校展开了一系列的课堂教学实践研究,在过程中逐步丰实"和乐课堂"的内涵,完善和优化评价标准,不片面追求"量"的增加,而是聚焦"质"的提升。

二、"和乐课堂"的整体架构

学校在立足校本特色的前提下,探索出一条通向高效课堂的优质路径——"和乐课堂"。"和乐课堂"是基于转变学习方式、提倡快乐学习的智慧学习环境,其具有鲜明的特征,即"乐学、创思、育美"。

为达成培养目标,学校通过"低—小—多—勤—趣—赞"的"乐学六序"流程转变学生的学习方式,唤醒学生的潜能,使学生养成良好习惯、提高学习水平。

"乐学六序"主要指"低起点,小步子,多活动,勤反馈,生趣味,起赞声",具体做法是:

"低起点",就是从学生实际着眼,适当降低要求,教师必须依照课标设计教学内容,切不可肆意拔高要求。课堂上,教师需要灵活变通,将一些比较难的学科知识讲得深入浅出,让学生"跳一跳就能摘到苹果"。

"小步子",就是将较大较难的目标分解为若干较小较容易达成的目标,先让学生完成简单的、可看到成果的任务,从而确立信心;再让学生一步又一步完成力所能及的任务,一次又一次看到成果,使学生增强学习的信心。

"多活动",就是学生在学习过程中聚焦问题或者某一个学科知识重点(难点)开展系列的探究活动,以小组合作的形式研究问题,进行头脑风暴。除此之外,学校可以组织策划有趣多样的学科活动,例如学科周、主题文化节等,让学生浸润学习、提升能力。

"勤反馈",就是及时地让学生反馈学习情况,如采用当堂提问、下课前的小测等方式,教师及时摸清学生掌握学习内容的程度,以便及时调整课堂节奏和教学内容。第二节课讲新课前的提问或小测,也是带有评价性质的教学环节。

"生趣味",即所有的教学内容和学习活动都应以持续激发学生的学习兴趣为根本目的,在过程中充分关注学生学习的情态,以此为依据调整教学内容和学习活动形式,设计学生喜闻乐见的活动来达成教学目标,以"儿童的视角"开展教学。

"起赞声",指对于学生有独到见解的发言、多角度的思考及学困生的进步等,教师要把握时机及时表扬,让学生既看到光明又知道努力的方向,营造和谐快乐的课堂氛围和师生关系。

运用"乐学六序"的过程中,教师要注重研究学生的兴趣点,并能据此调整自身的教学策略,利用多元的学科活动激发学生的兴趣,达到一种可持续学习的状态。

"让每一个生命温润美好"是"和乐课堂"的追求,学校将此培养目标渗透在国家课程与校本课程的实施之中,致力于培养新一代的"和美学生",即"身心至美、乐学善思、人文见长"。"身心至美",指强健体魄、愉悦心灵、行为向善、快乐成长;"乐学善思",指主动学习、快乐学习、锻炼思维、提升能力;"人文见长",指认识社会、健全人格、涵养道德、发展特长。

三、以资源设计促进学习方式变革

在深推"和乐课堂"实践和研究的过程中,学校发现学科间虽然存在知识体系的不同,但是并不是互相孤立的,在全课程视野下,可以通过充分调动学科间的联系,以学科内容资源的重构和再设计、再创造为路径,让学习方式更多元化,在学生的脑海中形成互相关联的知识型网络结构。

为了进一步研究"资源设计"与"学习方式转变"之间的内在联系,学校于2018年起开始了"提升'和乐课堂'品质:以资源设计变革学习方式的实践研究"核心课题研究,旨在有效地发挥教学资源对学习方式的影响,推进资源设计策略的实施。

1. 厘清资源类型,转变教学观念

在现实教学中,教师更多地把教育资源理解为"教育经济条件",把教学资源看作是学校为教学所提供的条件。为转变这种观念,我们实行专家指导与自主学习相结合的方式对教师开展培训。在专家的引领下,全体教师认真学习《中国教育现代化2035》等国家有关教育教学改革方面的政策文件来把握教学改革的方向;学习有关教学资源、学习方式等方面的教育教学理论，并结合自身课堂教学经验，厘清教学资源设计在学习方式变革中的作用，最终梳理出了八种常用的资源类型，分别是条件性资源、素材性资源、本体性资源、具身性资源、生成性资源、解构性资源、策略性资源以及情境性资源，教师从不同的层面对这八种资源类型进行了定义和诠释。

2. 明确研究方向，提供专业支持

我们以建构主义教学理论倡导的学习环境中的四大要素（情境、协作、会话和意义建构）为核心，从主动、合作、反思三个维度确定教学资源设计的方向，要求教师在进行资源设计时必须包含对上述要素及评估维度的考虑，为教师的教学资源设计提供理论框架。此外，教学资源在使用的过程中要与教学目标、内容保持一致，任何资源都要经过选择、加工、应用，而这个过程大多情况下是借助现代信息技术手段实现的。因此，我们在资源设计方法上给予教师指导，要求其从资源使用的目标、教学内容、资源类型、处理方式、呈现方式、预期作用等方面对所使用的教学资源进行设计，并通过校本培训在媒体制作（图片、视频素材编辑）、PPT制作、单元整体资源设计等方面给予技术支持。

3. 精准学科实践，助推成果形成

在资源推进学习方式变革研究的过程中，我们从资源前置、资源拓展、资源统整三个方面在学科中去构建我们的"和乐课堂"，并以案例、课例的形式对研究成果进行提炼、总结。资源前置，为学生自主性学习提供支持，教师自己录制微课作为主要资源应用到翻转课堂中。我们在数学、信息、语文学科中尝试了资源前置，给学生提供了不同形式的课前学习资源，学生可以根据自己的情况有选择地进行课前学习。资源拓展，促使学生开展反思性学习，扩大学习的广度，增进学习的深度。我们着重在语文学科开展拓展阅读，通过梳理教材内容、提炼主题、围绕主题搜索课外阅读资源，使学生对相关作者、文体等形成更全面、深刻的认识；组织阅读小队、阅读节等活动，丰富学生的阅读路径，提升其阅读能力，培养其阅读习惯。资源统整，在主题式学习中促进学生之间、学科教师之间的合作。我们以"全课程"的教学理念为指导，打破学科的限制，以主题式的学习为突破口，实现学科间知识的融通，促使学生对同一主题的内容形成全面、综合的认识。

我们聚焦八类资源设计，通过课堂中的反复实践研究，留心积累过程性资料，做好阶段总结与调整，将研究成果转化成本书中的八个章节、二十六篇学科案例，将我们的想法与做法与读者共享，也恳请广大读者在阅读的同时给我们提出宝贵的意见和建议。

武卫清　丁艳君

上海市嘉定区古猗小学

第一章　条件性资源：深度学习的关键变量

条件性资源在很大程度上决定着课堂教学品质。教师在引导学生深度学习的过程中，可以以不同的方式利用条件性资源：从特定学习材料的角度，为学生的视觉学习提供条件支持；从教师自身作为条件性资源的特性出发，为学生的模仿学习发挥示范作用；从媒介角度，为学生的语境学习提供素材；从设备与环境角度，为学生的游戏学习提供信息技术支持。

- 第一节　视觉资源与视觉学习
- 第二节　示范资源与模仿学习
- 第三节　媒体资源与语境学习
- 第四节　信息资源与游戏学习

课程资源根据功能特点,可以分为条件性资源和素材性资源。条件性资源作用于课程却并不是形成课程本身的直接来源,它在很大程度上决定着课程的实施范围和水平,包括课程实施所需的人力、物力、财力、时间、场地、媒介、设备、设施和环境,以及课程相关主体对课程的认识状况等因素。[1] 其中,教师作为课程实施的主体,是课程实施的首要的条件性资源。教师在进行教学设计时,要对各种教学资源进行筛选,要对资源的使用方式和使用时机等进行设计,必要时还要自己动手制作相关材料。这个过程中,教师的教学观念,对教学资源的认识、选择以及使用水平,都会影响课程的实施。此外,教师与学生之间的关系会形成一种人文环境,直接影响课程实施的进程和效果,因此也是重要的条件性课程资源。而时间、场所、学习材料、设施设备都为学生的学习提供条件支持与保障,是条件性资源的重要组成部分。

　　条件性资源是深度学习的关键变量。所谓深度学习,就是在教师引领下,学生围绕着具有挑战性的学习主题,全身心积极参与、体验成功、获得发展的有意义的学习过程。[2] 深度学习的发生是经验与知识不断转化的过程,是学生的以往经验与学习内容不断建立结构性关联的过程。因此,"活动与体验"是深度学习的核心特征。[3] 学生要在以其为主体的活动中,全身心投入活动中并获得内在体验,这需要有"活动"的机会,有"亲身经历"知识的发现、形成、发展过程的机会。在这个过程中,教师既可以将自己

---

[1] 吴刚平.课程资源的理论构想[J].教育研究,2001(9).
[2] 郭华.深度学习及其意义[J].课程·教材·教法,2016(11).
[3] 同上注。

作为教学资源,又可以通过使用其他的教学资源为学生创设利于调动已有经验的情境,设计学习活动吸引学生主动参与,引导学生深入挖掘知识的核心要义,建构新的知识结构。

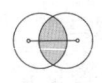

第一节

视觉资源与视觉学习

视觉学习,就是能够通过眼睛看(阅读、观察、看图表和示范)获得最佳学习效果的一种学习方式。这里的"看"不仅指真实的目击,还指头脑中的内在视觉,包含想象、思考、选择和创造。[1] 视觉学习在语言学习中具有核心地位,视觉思维是语言学习的基础。[2] 所以在英语教学中,我们要做的是引导学生通过视觉学习,实现视觉思维的发展。

为了促进学生的视觉学习,我们需要为学生提供大量的视觉资源。视觉资源是可以通过人的视觉感知能力获取的信息资源,包括文字资源和非文字资源。文字资源就是大家熟悉的文字符号;非文字资源包括静态图像资源和动态视频资源。[3]

这里的视觉资源包括两部分:一部分是通过视觉媒介呈现的资源,如文字、图片、照片、表情符号、图表、音频、影像、动画以及教师的肢体动作等;另一部分是视觉化资源,即将非视觉性的学习材料以学生可以看得到的形式来表现的一切视觉信息载体,主要是将语言、音频以文字、图像和动作等方式来表现。

在教学中使用视觉资源变革视觉学习对学生具有重要意义。首先,有利于促进学生的社会适应能力。现今,我们生活在一个视觉化时代,各种视觉化信息无处不在。

---

[1] 刘竑波. 论视觉学习的内涵及策略——加德纳多元智能理论中的"视觉—空间智能"述评[J]. 中学教育,2003(7).
[2] 程晓堂,丛琳. 英语教材编写中图像资源的设计与使用[J]. 课程·教材·教法,2020,40(8).
[3] 同上注。

各种视觉信息载体的飞速发展改变了我们获取信息的渠道和方式,也改变着我们理解和加工信息的认知机制。可以说,视觉学习已成为数字化时代最主要的学习方式之一。[①] 在教学中重视视觉学习,能够促进学生的视觉思维和视觉交流能力的发展,提升学生的视觉素养,进而提升学生的社会适应能力。其次,有利于发展学生的多种感官能力。社会生活需要学生发展多种感官能力,对于不同感官类型的学习者,虽然给他多提供发展相应感官能力的活动机会很重要,但也要注意其他学习类型,要注意开发他的多种感官能力,促进其全面发展。第三,有利于提升学习效果。小学英语教师在教学的过程中应用视觉图像,可以提升课堂的趣味性,吸引学生的注意力,使学生以更好的状态投入学习,还能帮助学生更好地理解、掌握新知识,提高语言知识输入的质量,提升课堂教学效果。此外,学生通过生动、形象的视觉图像可以对内容获得更清晰、直观的视觉印象,形成深刻的感受,进而可以更好地表达自己的想法,使视觉交流能力得到提升。

一、理论与依据

视觉学习作为一种学习方式,因主体的不同会呈现不同的表现形式和方法。但是,采用视觉学习方式的学习者,通常会开展相同的认知活动。

(一)理论基础

视觉学习最初源于加德纳多元智能理论中的"视觉—空间智能"观点。他认为,个体的智能分为八种,其中之一就是"视觉—空间智能"。该智能是指人对空间概念的解读和辨别的能力,此项智能占优势的人擅长形象思考,并将文字、感想转换为心理图像。[②] 基于该理论,视觉学习通常被认为是从文本、图像等视觉信息载体中获取新知识的一种方式;它不仅强调将学习材料和学习内容视觉化,更重要的是借助视觉感官经验促进学习者的学习,提升他们认知和读写方面的能力。[③] 视觉学习运用视觉化的符号系统来处理观点和呈现信息,视觉学习的符号包括书面语、手语等视觉型语言符

---

① 严晓蓉,何高大.视觉学习视角下的语言可视化表征与教学应用[J].远程教育杂志,2015,33(2).
② 马莉英.多元智能理论指导下的高中英语阅读课堂活动设计研究[D].华中师范大学,2020.
③ 何秋琳,张立春.视觉学习研究进展[J].开放教育研究,2011,17(4).

号和图片、动画等视觉型非语言符号;两种视觉型符号的有机结合,有助于信息获取和知识建构。[1]

在视觉学习中,学习者通常会涉及三种基本的认知活动,即视觉注意、视觉感知和视觉思维。这三种认知活动是学习者进行视觉学习的基础和先决条件。视觉注意、视觉感知和视觉思维既是三种活动,又是三种基本的技能,它们相互促进、相互影响。[2]

1. 视觉注意

视觉注意作为一种活动,是视觉学习的前提。"我们将看见我们所想要看见的东西。"没有视觉注意,视觉学习便不会发生。加德纳在其多元智能理论中,明确把"视觉"与"空间"相联系,使"看"变得更为广义,也更接近人类视觉的本质。他认为,除了真实的目击(外在视觉),还包括头脑中的"看"(内在视觉)。他提出了"意识的眼睛"这样的说法,即视觉始自注意(人可以"视而不见"),它是具备想象力、创造力和选择性的。[3] 视觉注意能力的高低对于视觉学习具有重要的影响。视觉注意包含视觉搜索、选择、分配、调配等能力。注意是个人的意识行为,会受到年龄、听力状况、环境等多种因素的影响,特别是动态的视觉环境对视觉注意能力具有一定的促进作用。在诸影响因素中,我们对年龄、听力状况没办法控制,但是可以在某种程度上改善或提高个体的视觉注意能力,进而促进个体的视觉学习。[4] 在英语教学中,运用视觉凸显等技术对知识的表达方式进行设计,提高视觉资源的可理解性、趣味性和相关性,可以引起学生的视觉注意,使其产生视觉印象,增加语言信息的实际输入量。

2. 视觉感知

视觉感知是进行视觉学习的基础,是在视觉注意的基础上,个体对信息进行捕捉和记录。视觉感知是对规模和颜色等材料主动做出判断并分类的一个持续性过程。通常,视觉感知与我们所处的环境相互作用。视觉感知受到个体的视觉熟悉度、个体

---

[1] 严晓蓉,何高大. 视觉学习视角下的语言可视化表征与教学应用[J]. 远程教育杂志,2015,33(2).
[2] 何秋琳,张立春. 视觉学习研究进展[J]. 开放教育研究,2011,17(4).
[3] 刘竑波. 论视觉学习的内涵及策略——加德纳多元智能理论中的"视觉—空间智能"述评[J]. 中学教育,2003(7).
[4] 何秋琳,张立春. 视觉学习研究进展[J]. 开放教育研究,2011,17(4).

意图和视觉对象的特征及显著性等方面的影响。此外,视觉感知与言语、手势相互协调与配合,三者的结合更有利于我们理解复杂的知识和学习复杂的技能。[1] 视觉感知在不同的人身上具有不同的表现,我们要重视学生的个体差异,通过有针对性的视觉训练提升学生的视觉学习的能力。

3. 视觉思维

视觉思维是一种具有创造性的思维方式,它是指将头脑中的图像从形状、线条、色彩、质地和构成的角度加以组织的能力。主要做法是通过表象的视觉效果探寻更深层次的理性思维本质,涉及想象和图像化两种基本的行为。其中,图像化是视觉思维最有效的方法。图像化的水平在某种程度上反映了视觉思维的水平,而视觉思维的水平既体现视觉学习的水平,又促进视觉学习。视觉思维可以调动学生的各种感官,尤其是视觉感官,促使他们对视觉信息的敏锐判断力得以逐步增强。[2]

(二) 依据

小学英语教学,不仅要实现学习者语言能力(即语言结构知识水平)的提高,更重要的是培养学习者运用语言交流、思考和解决问题的语用能力。为实现这些目标,《义务教育阶段英语课程标准(2011年版)》(以下简称《课标》)对教学活动提出了明确的要求。《课标》指出,教师要以学生的生活经验和兴趣为出发点,通过感知、体验、实践、参与和合作等方式,实现语言任务的目标,让学生感受成功,形成积极的学习态度,促进语言实际运用能力的提升,使学生的思维和想象力、审美情趣和艺术感受、协作和创新精神等综合素质得到发展。《课标》中还提出英语教师要提供各种各样、形式丰富的学习资源,创造性地利用黑板、卡片等传统媒体和现代教学手段,提供有利于学生观察、模仿、尝试、体验真实语言的语境,使英语学习更好地体现真实性和交际性,丰富教学内容和形式,提高教学效果。

上海市教育委员会教学研究室编写的《上海市小学英语学科教学基本要求》和《小学英语单元教学设计指南》也对教学资源的使用提出了具体的要求。特别是《小学英

---

[1] 何秋琳,张立春.视觉学习研究进展[J].开放教育研究,2011,17(4).
[2] 同上注。

语单元教学设计指南》单独列出《单元教学资源设计》一章,对教学资源从概念界定、依据、分类、设计方法、设计原则、设计流程等方面进行了详细的说明。因此,通过对视觉资源进行设计来促进视觉学习方式的变革势在必行。

着眼未来,《普通高中英语课程标准(2017年版)》对语言能力进行了新的界定,即"指在社会情境中,以听、说、读、看、写等方式理解和表达意义的能力"。该课标除一贯强调"听、说、读、写"四大技能,还增加了"看"的技能。"看"的对象包括与语境相关的图形图像、视频音频甚至现场的实物、场景等。为了能让学生顺利地进行输入,教师需要以可视化的方式将文本与语篇转换成为可视化的图表、图形和图像等,使语言输入后能够进行输出。[1] 基于此,作为基础阶段的小学英语教学也应将"看"纳入考虑范围,重视学生语言理解能力和表达能力的培养。

二、操作方法

这里从视觉学习的三种认知活动(视觉注意、视觉感知和视觉思维)角度,对文字、图片、流程图、视频、音频、动画等视觉资源在教学中的使用进行举例,来说明如何在小学英语教学中通过运用视觉资源来变革视觉学习,进而提升课堂教学品质。

教育专家发现,视觉学习者分为两种类型:图像学习型和文字学习型。图像学习型的人依靠图像思维,文字学习型的人以文字的形式来思考。很多视觉学习的人既是图像学习型,又是文字学习型。帮助视觉型的学生取得好成绩的最好方法,就是在教学中以合适的方式呈现相关的视觉材料来引起学生的视觉注意,激发其兴趣,促进其对材料的理解和记忆。因此,我们在进行教学设计时要考虑到这类学生的喜好,尽量选择与学生经验、兴趣联系紧密的视觉资源,以成功引起他们的视觉注意,促进视觉感知,进行视觉思维的训练。对视觉资源的适切性应用,不仅能促进学生对语言材料的理解和记忆,还能促使他们通过理解视觉形象来建构知识,使视觉素养的训练与语言表达能力的训练相结合。

---

[1] 陆家傲.指向审美能力提升的高中英语阅读教学实践[J].中学教学参考,2020(4).

（一）以图片、动画引起视觉注意

视觉是人类获取信息的主要渠道，"大约80%的信息来自视觉，通过其他方式获取信息的比率占20%"。[1] 视觉资源就是利用人的视觉系统直接传输视觉信息，具有直观性、生动性和高效性。在教学中，我们经常使用的视觉资源主要是图片、flash动画、英文电影以及教师自制的带有动画效果的PPT文件等。

flash动画作为一种动画资源，富含视听形象、丰富色彩、声音描述等多种元素，更容易引起学生的视觉注意，可以在此基础上对学生进行视觉、听觉训练来培养其观察力、理解力。我们可以把抽象枯燥的英语词汇、对话、故事与动画资源中创设的不同生活情境相结合，让学生感知近似真实的英语情境，充分调动学生的各种感官来参与学习活动，让学生投入其中，获得浸入式的体验。在这样的课堂氛围下，学生有话可说，自然乐于表现自己。因此，在引起学生视觉注意方面，flash动画具有非常重要的地位。

此外，有关研究表明，图片在引起学生视觉注意方面也具有重要作用。迪沙泰尔和莱文等人在1979年至1981年使用功能研究法罗列出了插图功能表，插图有吸引学生对书面材料的注意力和对学生学习发挥导向的作用。坦尼森指出插图具有的导向作用有助于学习者集中于概念的核心部分，插图能使学习者的注意力定向集中于某一对象，这一功能使学习者有选择性地阅读教材的部分内容。一些对期刊和广告的阅读研究表明，在自由阅读的情境下插图可以缓和读者的紧张心理，在文字中附有照片的情况下，读者会记得更加清楚。[2]

因此，在教学中要重视动画与图片资源在引起学生视觉注意方面的作用，充分利用好这些资源，有效激发学生的学习兴趣。

（二）以文本、图片唤起视觉感知

心理学家研究表明，学习者对新信息的记忆效果因呈现方式的差异而有所不同：单纯使用视觉呈现能记住70%，单纯使用听觉能记住60%，视、听觉结合能记住86%。因此，指导学生把看、听、说结合起来，可以提高记忆效果。[3] "看"什么？一"看"文本，

---

[1] 芦影.视觉传达设计的历史与美学[M].北京:中国人民大学出版社,2011.
[2] 陆菊芳.《牛津初中英语》教材图片运用研究[D].苏州大学,2012.
[3] 同上注.

二"看"图片。文本是信息的重要载体,学生通过学习文本内容获取信息。但是,单纯的文本属于抽象材料,学生不容易理解。有研究发现,右脑能储存的信息是左脑的10万倍,右半脑以形象记忆功能为主,大脑记忆形象材料的效果大大优于记忆抽象材料的效果。图片属于形象材料,所以图片特别是教材上的图片是非常好的素材,学生可以通过直观的观察快速进入学习状态,能够提高对学习内容的理解和掌握,进而有助于学习。所以在"看"文本的同时,适当地插入图片,以图文并茂的形式创设学习情境,学生能更好地捕捉到图文中表达的关键信息,更有助于学生对信息的理解与记忆。研究也表明,图文结合产生的记忆比单纯的文字记忆或图片记忆在脑海中保存的时间长、质量高。[①] 可见,图文资源的有效利用,可以促进学生的视觉感知,进而促进记忆,提升学习效果。

(三) 以想象、图像化发展视觉思维

视觉学习能促进学生视觉思维的发展。发展视觉思维,重点在于调动学生的各种感官,尤其是视觉感官,促使他们对视觉信息的敏锐判断力逐步增强。学生通过观察、理解各类视觉资源所承载的信息,将它们纳入已有的意识或记忆中,通过重组信息中的各个元素,创造出某种新的并未在记忆中存在过的东西,这时,想象发生了。主动的想象是一种创造性活动,是进行视觉思维的一种重要活动。此外,在将新信息与已有认知建立联系时,学生将经历"解构——建构"循环往复的过程,通过打破原有认知结构,建构出新的认知结构,实现学生内部认知的图像化。认知图像化的出现就说明学生找到了各知识点之间的关系,甚至在所学知识与已有知识结构之间建立了联系,在自己的大脑中形成了网络结构。这种认知结构网络的形成,意味着视觉思维的形成。因此,我们应尽最大可能帮助学生实现资源图像化,促进学生视觉思维的发展。

三、案例与研究

视觉资源在教学中的合理、有效运用,需要考虑学生的不同学习风格。对视觉型

[①] 陆菊芳.《牛津初中英语》教材图片运用研究[D].苏州大学,2012.

学生,有利的学习方式是多利用图像、图表、流程图、思维导图,以及板书、PPT、视频短片、动画,帮助他们学习与记忆。在课堂中要模拟社会真实生活情境,鼓励学生使用英语进行互动交流,勇于发表自己的见解。对听觉型学生,有利的学习方式是鼓励他们出声朗读课文,与同学进行讨论,也可以给他们多放一些录音。对触觉型学生,最有效的学习方式是动作体验,要求他们读课文、背单词时可以配上一些动作,可以手舞足蹈地去读,甚至可以边走边读边背;也可通过角色扮演或活动式学习来吸引他们参与学习活动。为了促进不同学习者的视觉学习,我们应注重发挥视觉资源的不同功能,并注意视觉资源同其他类型资源的有效结合,在视觉注意、视觉感知和视觉思维方面对学生发挥作用,共同促进其视觉学习。

(一) 视听结合引起视觉注意

人的视觉表象特别发达,可以分别由相关刺激所激活。一旦视觉注意被激活,个体就可以保持一定时间的视觉注意。尽管不同年龄段个体的视觉注意能力不尽相同,相同年龄段的个体的视觉注意能力也不尽相同,但一般来说,10—12岁儿童注意力集中时间约为25分钟。因此,一个成功的情境导入环节,可能会使学生保持较高的视觉注意。我们在英语教学过程中,通常采用图片、跟唱儿歌以及观看视频等形式,让学生获得视觉体验,将学生的注意力吸引到课程内容上来。

"5A Module4 Unit1 Water (Period 3) The Little Water Drop"的学习内容主要是以一颗小水滴的旅行来介绍海陆间水循环的过程。在教学该课时,为了帮助学生对水循环有个初步的认识,激发其学习兴趣,我使用了一个美国宇航局录制的《地球水循环》(Earth's Water Cycle)的科普视频。该视频简单地谈及了地球水资源的分布以及水循环的部分过程,因拍摄的专业性,视频具有很强的画面感,让我们真切地看到地球上水资源的有关情况,配合标准的美式英语发音,有一种看大片的感觉。

视频一播放,学生的注意力马上被吸引了,都在很认真地观看视频。在该视频播放结束后,我马上引出了本课的课题:"Now we are talking about water cycle."同时承接视频内容,让学生猜测"water cycle"一词的意思,初步为学生设置疑问,让其带着这个疑问通过一节课的学习来理解"water cycle"的内涵和过程。学生在这样的视频与教师语言的引导下,很快明确了本课的主要任务是了解水循环的过程。

在"4A Module3 Unit1 In my school（Period 1）Welcome to Magic School"一课揭示课题时，我以一张富有神秘感的图片作为魔法学校的背景（见图1-1-1），并配以神秘的音乐，在这样的氛围下，让学生看图猜一猜魔法学校里可能会有什么，成功地激发了学生的好奇心，他们都很积极地猜测魔法学校内的景物。在此基础上导入情境，揭示本课内容学习的语境。在这里，图片与音乐的结合使用，营造了一种神秘的氛围，抓住了学生的好奇心，激发了他们的视觉注意，快速将他们的注意力引导到学习内容上来。

图1-1-1

此外，为了帮助学生明确教学环节和主要内容，我通常对图片进行编辑加工，在PPT中采用遮盖效果，将学过的内容用灰色遮盖，马上进入学习的内容则使用亮色来突出强调（见图1-1-2）。对图片明暗色的对比处理有利于学生明确学习环节和主要内容，并引起其视觉注意。

（二）图文结合唤起视觉感知

研究表明，视觉学习涉及各种图像和技术的应用，其重点不仅在于将学习材料视觉化，更加重要的是借助视觉感官经验促进学习者的学习，提升他们认知和读写方面的能力。[1] 静态图片与文字信息结合使用的方法将有助于学习者的信息获取和知识

---

[1] 严晓蓉，何高大.视觉学习视角下的语言可视化表征与教学应用[J].远程教育杂志，2015，33(2).

图 1-1-2

建构。图片,作为视觉学习的非语言符号,具有其他符号不能比拟的优越性。静态的图片能给人带来直接、丰富的视觉信息,是文字所不能描述的,所谓的"一图胜千言"说的就是这个道理。由于图片比较直观、形象,我们加工图片信息的速度要远远快于对文本信息的加工速度。图片的表征功能有时远超文字,有助于学习者对较为复杂的概念的理解,尤其是在讲解语言知识所蕴含的复杂的隐性知识(如社会、文化等)时,能以直观、生动的形式将隐含的知识内容以不同的视觉元素表征出来。此外,图片还具有装饰、展示、补充、强化、激发、启发等功能。因此,在外语教学中,对于概念或者陈述性知识的学习,可以利用静态图片进行外部表征。[①] 所以我们会在不同的教学环节大量使用图片,帮助学生获取信息,唤起视觉感知。

比如,我们经常在整体感知文本内容的时候使用静态图片,请学生边听录音边排序,这就是学生对信息进行捕捉和记录的一个过程。因为教学重、难点的不同,排序方式的设计也会有差别。例如,在学习水循环一课时,教学的重点是学生能够用表示顺序的副词"first、next、then、finally"来表达事物发展的顺序。我在感知排序环节中,将

---

① 焦建利,贾义敏. 真实情脉中的学习研究与教育变革——学习科学研究回顾、反思与展望[J]. 开放教育研究,2011,17(6).

图片与这几个单词同时播出,揭示图片之间的先后顺序;然后再播放录音,让学生结合图片选择相应的句子(见图1-1-3),这样就实现了图片与文本内容的结合。在图片的帮助下,学生知道了小水滴在进行水循环的过程中所处位置的变化。

图 1-1-3

然后,让学生将顺序副词与句子结合来表达变化的先后过程,同时配有图片、箭头(见图1-1-4)。通过依次呈现,学生在对文本内容进行整体感知的过程中又进一步理解了顺序副词所表达的意义。

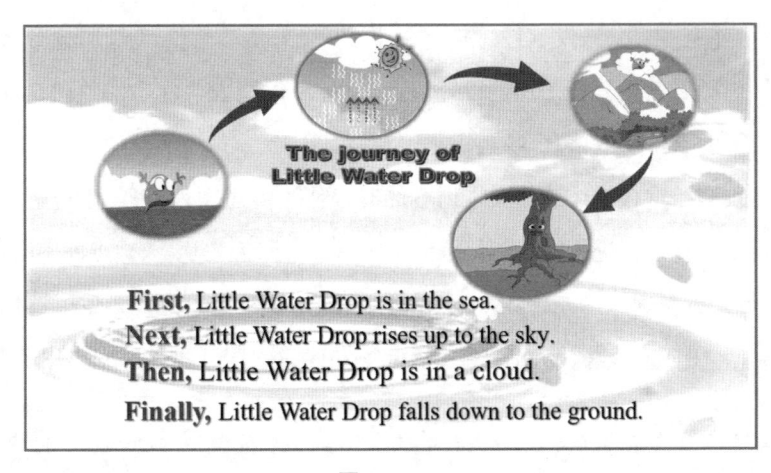

图 1-1-4

在学习新的单词时,我们会经常采用图片对比的方式,对于相似的内容,让学生通过观察图片进行比较来强化记忆。例如,在理解名词"egg"的单数和复数形式时,我先呈现一张卵的照片,同时呈现文字"an egg"(见图1-1-5);学生结合图片与单词,会知道这就是一颗卵。然后我再呈现三颗卵的照片,同时呈现单词"eggs"(见图1-1-6),这样他们就能领会这个"eggs"是单词"egg"的复数形式。同时,因为"egg"这个单词是以元音字母开头,在单数形式时前面需要用"an",所以我又用红色与黑色的对比突出其单数形式的特殊性,学生就可以更好地理解单词的变化规则。

图1-1-5 　　　　　　图1-1-6

此外,图片与书面语言、声音的结合能够更好地促进学生对内容的理解。有研究表明,大脑对于形象材料的记忆效果和记忆速度优于语义记忆,教学材料中的信息如果同时通过言语和视觉(或空间)两条通道输入大脑,记忆会变得更加容易。在英语教学中,我们可以很好地利用这一研究结论,适切地使用文字、图片等视觉资源,帮助学生更好地理解与记忆所学内容。

水循环一课的教学难点之一就是理解水循环发生的条件,如果用英语来解释水的循环是因为海水受热温度升高而变成水蒸气上升到空中,水蒸气再受冷凝结成小水滴形成云这一系列原理,对五年级的学生来说这些词汇在理解上有一定难度。为了使学生能够理解水的这一变化过程,我同时使用静态图片、文字与音频,将静态图片动态化,呈现出小水滴受到太阳照射而温度升高,变成水蒸气上升到空中的过程。在这个过程中,小水滴在太阳照射下不断跳动,同时画面出现词组"get hot"(见图1-1-7)。

随着温度计显示的温度上升,小水滴逐渐离开了海面,上升到空中,最后与许多其他的小水滴汇合进入云里。与此同时,用表示向上的箭头来配合小水滴的上升,图片与符号相结合,同步呈现短语"rise up to the sky"并将其动作设置为逐渐上升(见图1-1-8),这样学生就能理解这些短语的含义并对小水滴变化的原因有了更直观、深刻的理解。

图1-1-7

图1-1-8

(三) 通过想象、图像化发展视觉思维

如前文所述,想象和图像化是视觉思维最为快速和有效的方法,因此,重视想象和图像化的运用对促进学生的视觉学习非常重要。

在"Welcome to Magic School"一课中,在教学图书馆的内容时,我先让学生听录音,魔法书在介绍自己的魔法(见图1-1-9)。然后让学生展开想象进行模仿表达,介绍自己作为一本魔法书具有什么魔法,这对学生来说是一次有趣的尝试,也有利于其内化自己的语言结构。

图 1-1-9

此外,在教学的过程中,观察图片并对两幅图进行比较这一教学活动,不仅锻炼学生的视觉思维能力,还考验学生的视觉注意和视觉感知能力,这种学习策略有助于发展学生辨别和探索的能力。而学生借助图片,进行角色扮演、场景对话,通过想象把自己置身于特定的情景中进行语言表达,也是通过想象实现语言内化的一种很好的方式。

通常情况下,我们更多采用图像化的方式来促进学生视觉思维的发展。经常采用的一个策略就是复述,学生借助图片与语言结构,对全文的主要内容进行复述,然后,闭上眼睛,通过回忆句子结构与图片等,将自己想象成亲身经历者去介绍自己经历的过程。

在教学"The journey of Little Water Drop"时,在复述环节(见图1-1-10),要求学生先看图进行复述,然后闭上眼睛,把自己想象成那颗小水滴,在太阳的照射下越来越热直到变成水蒸气上升到空中……这种将自己置身其中的图像化方式,帮助学生更深刻理解了水循环的过程,并通过结合自己的感受用英语表达出一系列变化的过程,在促进语言表达能力发展的同时,还实现了情感的视觉化表达,进而实现了视觉思维的发展。

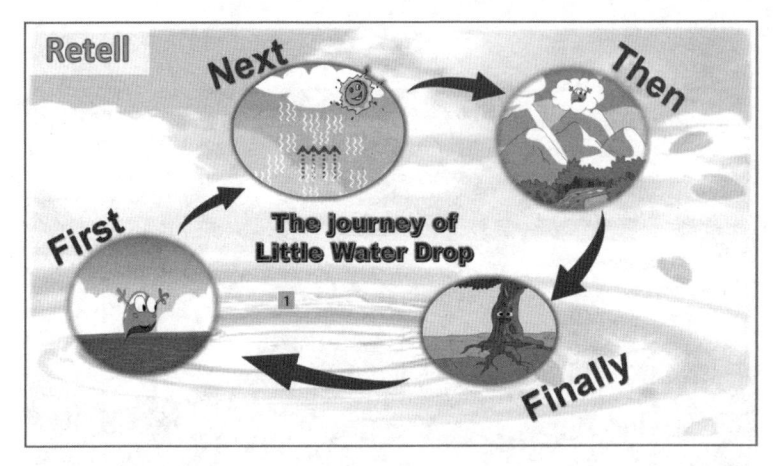

图 1-1-10

四、研究结论

视觉资源在学生的学习中发挥着重要的作用。但是其作用的发挥,需要教师科学合理地进行设计。

1. 视觉资源的适切应用可以提升视觉学习能力

通过上述教学案例我们可以看出,通过适切应用图片、文本、动画、音频、视频等视觉资源,不仅能够促进学生语用能力的提升,还能促进学生的视觉注意、视觉感知以及视觉思维能力的发展,实现语言能力与视觉学习能力的同步提升。

2. 分层使用视觉资源更能提升课堂实效

在使用各种视觉资源时,注意资源的分层设计,从而更好地关注学生个体的学习,提升课堂教学效果。突出资源的分层设计能让学习更高效,提问时体现问题的阶梯性,即问题的设计要逐渐加大难度,越来越具有思维的深度,这样的资源设计针对性更强、实效性更高。

在设计使用视觉资源时,我们需要注意视觉资源的选择应与教学主题保持一致。注意保持语境的同一性,在同一个语境中,合理、适切设计视觉资源。同时,还要注重发现同类资源的不同功能,注重资源类型的多样化,注意开发更多的视觉资源,为学生提供丰富多样的信息媒介。在具体的资源设计过程中,还要注意做到视听结合、静态与动态结合,让学生在具体的语境中从音、形、义不同的角度去理解词、句及其用法。这样才能在全面地考虑英语学习的特殊性与照顾每一个学生个体之间达到良好的平衡,满足不同学习风格的学生的需要,促进所有学生的发展。

(撰稿人:杨秀娟)

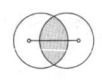

第二节

示范资源与模仿学习

课堂中的示范,含有演示、举例之意。小学美术是一门强调实践性、操作性的学科。美术学科的特性决定了示范教学成为其教学过程中不可缺少的教学环节。而传统的示范教学侧重于学生模仿,使学生的个性难以充分发展。因此,笔者在教学实践中尝试开展多元化示范教学来解决这一问题。多元化泛指教师在教学中根据教学内容因地制宜地组织灵活多变的示范教学活动,以促进教学重、难点的破解,并达到举一反三、触类旁通的教学效果。

一、理论与依据

课堂示范作为直观的教学方法对于技能性很强的美术学科是非常必要的,是美术课中十分重要和不可或缺的一种教学方法,是指导学生了解美术语言、掌握美术技能的重要途径,能够彰显美术学科的特征。《美术教学论》中关于示范教学法的解释为:"是在实践性教学中教师执行一套规范性的程序或动作,引起学生相应模仿行为的教学方法。"[1]可见,示范教学是通过直观性的标准化的演示帮助学生认识了解相关知识、学习相应技能方法的一种教学手段。

---

[1] 王大根.美术教学论[M].上海:华东师范大学出版社,2000.

（一）理论基础

作为范例教学法的创始人之一，瓦根舍因认为："范例"就是隐含着本质因素、根本因素、基础因素的典型事例。另一位主要创导者克拉夫基指出："对于范例教学的基本思想，虽然有种种不同的解释，但可以作为总的思想动机提出而作如下表述：组织教养性学习，促进学习者的独立性，即引向连续起作用的知识、能力、态度。"[①]由此可见，在示范教学中示范的内容应具有典型性和代表性，能够帮助学生举一反三、触类旁通地去认识和了解相关知识与技能。同时，示范教学既是一种学科知识技能的教学，也是一个培养迁移能力的过程；示范教学既要重视某个具体问题的解决方法，也要关注学科知识点之间的衔接。另外，我们也要认识到：示范教学既是一种学科教学的手段，也是在培育人的基础上的教育行为；学生作为示范教学的对象，不是被动的接受者而应该是积极主动的参与者。

（二）研究依据

《义务教育美术课程标准（2011年版）》指出："美术课程凸显视觉性。学生在美术学习中积累视觉、触觉和其他感官的经验，发展感知能力、形象思维能力、表达和交流能力。"美术是一门直观性极强的学科，有大量的内容需要用可视化的、具体的范例与演示去说明解析。同时，在示范教学的过程中还要注重学生的参与度，要让学生从被动地看到主动地想或者直接参与示范的过程，这样才能更有效地使其将主观经验积累下来。课标还指出："美术课程具有实践性。学生在美术学习中运用传统媒介或新媒体创造作品，发展想象能力、实践能力和创造能力。"因此，在美术课的示范教学中，教师可借助各种媒材，使得示范更形象、更生动、更有启发性，帮助学生在了解、明确相关知识的过程中更能引其自身的联想与创意，更有利于学生发挥个性、满足自身性格的发展。

随着教育理念的不断更新，传统的、以注重技能方法的教授为主的"依样画葫芦"的示范，显然已不能满足当前美术教育改革需求。为此，笔者进行了美术课堂多元示范的实践研究，以期改变传统单一示范的模式，提高教学的有效性，促进学生学习能力

---

① W.克拉夫基.范例教学[J].徐长根，译.外国教育资料，1988(1).

的提升。

二、操作与方法

笔者结合教学实践，从示范方法、示范角色、示范形式展开论述，并佐以丰富的教学实例来阐述以示范作为资源来促进有效教学的观点。

（一）示范方法

教师的示范旨在帮助学生学习新的或有难度的技能、方法。在传统教学中，往往是教师示范正确的做法，然后学生练习，方式方法比较单一。现代教学论指出，教学过程是师生交往、积极互动、共同发展的过程。在教学过程中起着引导作用的教师，应对示范方法进行优化，针对不同的课型、学情，甚至在课堂的生成中选择合适的方法，使得示范教学更生动、更有针对性，从而提高教学有效性。

1. 清晰直观的演绎式示范

该方法针对具体的技能、方法的展现。通过直观形象地精湛演示美术技能与技法、清晰具体地演绎操作程序，引导学生在有限的时间内掌握比较系统、科学、具体的美术知识技能和方法步骤。

2. 正反对比的辨析式示范

该方法针对容易出错的知识点。采取正反对比示范讲解的方法，让学生辨别正误、做出分析，促使学生更牢固地掌握正确的操作方法与步骤，树立正确的审美观点。

3. 不同侧重的示范方法

当然，示范的方法还有很多，如循循善诱的启发式示范，通过层层诱导，促使学生掌握美术技能方法的规律，并活学活用；又如点到为止的点拨式示范，对美术知识技能要点进行重新梳理、提炼，采取灵活有效的措施，进行有针对性的示范指导。

（二）示范角色

教学是教师的"教"与学生的"学"的统一，这种统一的实质是交往。学生是学习的主体，教师"要处理好传授知识与培养能力的关系，注重培养学生的独立性和自主性，引导学生质疑、调查、探究，在实践中学习，促进学生在教师指导下主动地、富有个性地学习",要充分发挥学生在学习中的自主性。教师可根据学生的"学"进行有的放矢的"教",根据不同的教学情境,请学生尝试自主示范,或与教师互动示范,从而创建平等和谐的学习共同体。

1. 学生为主的示范

学生作为主角在示范活动中进行正确的演示或者是示错,教师作为辅助者在旁引导或发现问题。在发挥学生主观能动性的同时,教师可以根据学生的示范过程了解学生掌握知识技能的程度。

2. 师生合作的示范

示范以师生合作的方式来呈现。教师先局部示范,学生通过观察在范作上尝试继续示范,教师在旁及时反馈;也可学生先示范,教师在旁指导或现场纠正,在教学生成中解决问题。

(三) 示范形式

1. 示范的程度

凡事过犹不及,在示范教学中,往往越是事无巨细,越是造成学生的作品千篇一律。因为在示范时,呈现在学生面前的总是比较"完美"的东西,学生常常以此为自己追求的目标,而不再去思考自己要表现的东西,从而造成学生一味地模仿或重复,由此失去了各种可能发展的机会。那么,除了积极引导、创设各种情境等教学方法外,笔者认为在展现示范内容的形式上也可以是灵活多样的,根据不同的教学情境选择不同的表现形式,既能传授技能方法,又能极大限度地为学生保留自主发挥的空间。

2. 示范点的选择

示范作为教学中的一个环节不可能占用过多时间,教师应尽量选择重要的、难度大的地方进行示范演示。《美术教学论》说道:"某些演示物或图片应在课前先制成半成品,选择技能难点或最关键的过程进行演示,以节省时间。"[1]对于学生能够掌握或摸索而成的,可以让学生自主尝试;教师过于具体的、冗长复杂的示范不仅占用了大量的教学时间,一定程度上还约束了学生自主发挥的空间,阻碍了学生的发展。教师应

---

[1] 王大根. 美术教学论[M]. 上海:华东师范大学出版社,2000.

本着精讲多练原则,选择关键点进行示范,以提高教学有效性。一个教学作品中可能有一个或多个要点需要突破,在有限的教学时间内,教师在示范呈现时不可能做到面面俱到,也无必要。因此,教师应围绕关键点有的放矢,有选择地进行局部示范,起到"以一概十"的作用,有效地解决、突破教学的重、难点。

三、案例与研究

(一) 示范方法的案例与解析

美术教学是一种直观而形象的教学,有效示范可以使学生很快理解和把握学习要点。教师应针对教学重、难点,根据不同侧重点采用不同的示范方式。

"感受汉代陶俑"是一堂泥塑课,该课的教学重点是"把握人物的造型特征",教师在对具体捏塑方法的指导时可采用演绎式示范;在解决教学难点"人物的细节表现"的环节中,又应注重让学生自由发挥、创意表现,可采用点拨式示范。

在人物的造型姿态的塑造环节中,笔者采用边示范边讲解的方法,将人物捏塑的方法、要点一步步直接演示给学生看,让学生直观地了解老师如何捏出头部、如何塑出人物姿态,包括体块衔接时用手或工具将接缝处抚平——让学生清晰地了解整个捏塑过程。

在人物的细节塑造教学环节中,笔者依然选择用示范的方法来教学。在学生了解到可从五官、头发、服饰等方面来丰富作品表现时,笔者出示了汉代发式与服饰的图片资料,让学生拓宽视野,获得更多的信息,并从中选取所需元素。接着,笔者采用点到为止的示范(搓根泥条做成腰带,刻画出眼睛,用小泥团做鼻子等),在制作上给学生启示。这一环节主在拓宽学生的思路,使其知道刻画与添加的操作方法即可,更多地为学生保留自由发挥的空间。

教师用详细的讲解、细致的示范,为学生的制作奠定了坚实的基础。学生在制作时更为自信、大胆,捏塑的人物姿态更是各有千秋。

在"送给老师的花"这一堂综合材料制作课中,对于学生普遍容易出错的"中心对称折剪花瓣"这一知识技能要点,教师运用辨析式示范,前后两次示范。第一次示错,故意让自己"出错",引导学生发现问题并提出修改的方法。通过辨析、判断正误,学生能够理清思路、明辨是非、加深理解、强化记忆;而提出修改的方法是锻炼学生多种能力的有效途径。然后,教师在学生"指导"下修正错误,进行第二次示范,示范正确的折剪花瓣的方法,强化制作要点,与第一次示错形成对比。教师通过正误两次示范,形象地揭示设计制作中心对称纹样的方法和规律,化解了教学难点。

（二）示范角色的案例与解析

一年级"我们的奖牌"泥工课中,学生自主尝试制作圆形奖牌;在此基础上,教师鼓励、引导学生制作其他形状的奖牌。学习能力强的学生很快能制作出有变化、别致的奖牌外形,如菱形、五角星形、心形或有花边的造型等。教师以此为契机,请其来当小老师,示范或讲解新形状的制作方法,充分发挥其学习的主体性作用;同时,利用学生差异性资源,让学生与学生对话,激发其他学生对奖牌外形进行变化的热情与灵感。在此过程中,教师作为学生学习的协助者,要善于发现问题,并针对教学的实际情况及时予以指导。

在"用长短线画像"一课中,针对"组织排列彩色短线丰富人物头像"这一难点,教师采取了"教师先示范,学生尝试反馈示范"的方式。教师示范局部画法,让学生直观真切地感受如何运用短线的排列组合表现人物头像。教师示范起到直观传授技能方法的作用,配以讲解,引导学生在有限的时间内学习具体的方法步骤。学生进行示范,在教师未完成的部分尝试绘制。这一方法能为学生提供尝试探索的空间,教师也能及时了解学生的掌握情况,适时从旁指导,补充示范中的盲点,对学生绘制时遇到的具体问题予以补充、纠正,体现教学的适切性、时效性。

（三）示范形式的案例与解析

在"小鸟喜欢的树"一课中,教师可示范画出粗树干、细树枝,强调树干上分出树枝和树干下粗上细的规律;对于树叶的描绘,只需寥寥数片,无须画满整树。而小鸟,则可根据教学情况画出它的结构。示范的内容可以分开表现、无组织呈现,而将精彩的留给学生,让他们自己去安排画面中的内容,创设情境故事,创作不同的小鸟与树的精彩作品。

有人说:"完美本身就是一种缺憾。"断臂的维纳斯给人无限美感;传统国画中的留白给人无限遐想。示范也应留有余地,尤其是注重学生想象与创意的命题画、想象画、创意设计作品等。示范时,教师可有选择地进行局部示范,以小见大、以点及面,让学生触类旁通,赋予学生"生成"的空间,再配以方法、思路的讲解,启迪学生的思维,激发学生的创作灵感,为学生提供更宽广、自由的学习空间与学习内容,激发学生学习的自主性。

四、研究结论

实践证明,在美术课堂中运用多元示范作为教学资源能改变"依样画葫芦"的模仿学习方式,能进一步促进课堂的转变,提高教学有效性。

1. 改变传统示范教学方法

将多元示范作为资源,改变了传统单向的传授教学方式,使示范教学的方法从单一走向多元。示范方法的选择立足于教学内容的特点,需结合学生的知识结构基础来选择适切的示范方法。针对较难、较新的知识技能,可采用演绎式示范,边演示边讲解,以求学生能看清楚、听明白、想透彻;针对最容易出错的知识技能,可采用辨析式示范,学生说老师做,学生即使出错也能从示错中去总结,明确正确的方式;针对学生能自学掌握十之七八的,可采用点拨式示范,帮助学生跳一下摘下苹果……以多元示范为资源,运用灵活多样的示范方式,能够丰富课堂的表现形式,营造活泼、自由探索式的学习氛围,改变传统以模仿为主的示范带来的思维局限性。

2. 提升学生的自主学习能力

将多元示范作为资源,改变了传统的以教师为中心的教学模式,从单向教授走向双向互动,真正提高了学生的课堂参与度。学生是学习的主体,传统以模仿为主的示范往往以教师进行演示为主,学生只是被动的接受者,自主性不够,因此也难有更多创意的培育。多元示范,能凸显学生的学习主体地位,创设自主参与、多维互动的学习情境。师生合作的示范,让学生参与示范,师生合作完成示范任务,在学生展现自我的同时,教师可及时发现问题并指导,"以一代十"起到预设指导的效果。以生为主的示范,让学生成为示范者,示范的成败让同学判断、纠正,使学习成为自主探究、生生互助的活动,教师适当指引方向,给予学生更多探索空间。

3. 优化美术课堂教学方式

将多元示范作为资源改变了传统教学中按部就班的示范形式,多角度、多层次地展现示范内容,活化了课堂,提高了课堂效率。多元示范为了给学生保留更大的创意发挥的空间,在示范内容的选择上有所侧重,在示范的程度上有所拿捏。根据学情,找准示范的切入点:是技能的演示,是创意表现的点拨,还是步骤的列举;或者是在练习前示范、练习后示范或练习中示范……根据课堂的生成,教师需灵活地把握示范的教学点、示范的时机,在示范的程度上要拿捏准确,体现教学智慧。所以,多元示范不仅有预设还有生成,是教师与学生在课堂互动中涌现的智慧交流。多元示范的原则是在有限的教学时间内更高效地完成学习任务,以生为本,改变模仿的学习方式。

(撰稿人:严婷婷)

第三节

媒体资源与语境学习

多媒体技术可以说是信息时代的典型代表产物,在小学英语教学中也得到了广泛应用。教师根据教学目标与学生的具体学情,合理筛选和运用文字、图片、声音、动画等多媒体资源进行教学设计,与传统教学手段进行有机整合,相辅相成,从而达到最优化的教学效果。在英语教学中,语境指学生英语学习的语言情境。多媒体生动、有质感的特点,可以让英语学习的语境变得更加丰富、形象,对塑造真实有效的英语语境教学有着突出的作用。

一、理念与依据

以多媒体资源为载体,以语言交际为主线的语境学习可以模拟相应的英语场景,解决学生缺乏英语学习的社会环境这一问题。利用媒体资源创设和变革英语语境学习有着扎实的理论基础和研究依据。

(一) 理论基础

建构主义理论认为,学习是一种建构过程,是一种活动过程,知识不是通过教师传授就能得到的,而是学习者在一定的情境(即社会文化背景)下,借助他人(包括教师和学习伙伴)的帮助,利用必要的学习资料,通过建构意义的方式而获得的。[1] 因此,为

---

[1] 陈军宏. 新课程背景下的小学英语学与教[M]. 济南:山东教育出版社,2008.

了促进学生知识的建构,教师就要设置真实生动的语言情境。

"语境"这一概念最早由英国人类学家马林诺夫斯基在1923年提出,他把语境分为两类,即"情景语境"和"文化语境",也可以称为"语言性语境"和"非语言性语境"。① 胡壮麟先生将语境归结为三类:语言语境(linguistic context),亦称上下文(cotext),指语篇自身的结构及逻辑连贯;情景语境(situational context),指语篇所涉及的具体场景、事件以及参与者;文化语境(cultural context),指语篇所涉及的文化与社会背景。② 朱浦认为,语境即"语言环境",是说话的现实情景———运用语言进行交际的一定的具体场合。语境又可以分为:语言语境、情景语境、文化语境、时空语境。语言语境:学生通过大量的听和读来理解语篇的结构和逻辑,形成良好的语感。情景语境:学生通过直面交流,对具体事件、话题、对象做出反应,形成听说能力。文化语境:通过英语输入,基于特定文化的语言使学生形成对英语国家的文化习俗、社会背景与思维习惯的认识。时空语境:不同的学科、专业、行业都有其特殊的语言环境,他们对同一词语产生不同的理解;通过让学生学习时空语境,使他们的知识系统的建立和生活经历这两个过程与英语学习整合,形成英语思维的基础。③

(二) 研究依据

2019年颁布的《中共中央国务院关于深化教育教学改革全面提高义务教育质量的意见》明确提出,教师要"融合运用传统与现代技术手段,重视情境教学"。这就需要我们利用好多媒体资源优化教学方式,从而提高课堂教学质量。

《义务教育英语课程标准(2011年版)》对于多媒体资源也提出了相关要求。课标指出:"语言学习需要大量的输入。丰富多样的课程资源对英语学习尤其重要。英语课程应根据教和学的需求,提供贴近学生、贴近生活、贴近时代的英语学习资源。创造性地开发和利用现实生活中鲜活的英语学习资源,积极利用音像、广播、电视、书报杂志、网络信息等,拓展学生学习和运用英语的渠道。"《上海市小学英语学科教学基本要求》指出"能借助媒介学习简单语段"。上海市《小学英语单元教学设计指南》中《单元

---

① 梁军霞. 浅谈语境在英语翻译教学中的重要性[J]. 甘肃教育,2019(4).
② 郁巍巍. 英语学科核心素养影响下小学英语教学中语境创设的实践与研究[D]. 上海师范大学,2019.
③ 同上注。

教学资源设计》一章,对教学资源的使用提出了具体的要求,从资源的定义、分类、设计方法以及设计流程等方面都进行了详细的说明。此外,朱浦在小学英语学科《基于课程标准的教学与评价》的演讲中提到要有效落实评价指南,要做到目标导向、活动推进、资源支持、评价伴随、精准指导五个行为。英语课程资源包括英语教材及有利于发展学生综合语言能力的其他所有学习材料和辅助设施。因此,利用多媒体资源优化语境创设是大势所趋。

语言的最终功能为语用,学生必须在一定的社会情境中才能使用语言。英语是学生的第二语言,传统的在中文环境浸润下的英语课堂教学缺乏真实的语境。有效的语境创设为学生口语交际提供了展示平台,从而激发学生的学习兴趣,促进学生主动学习,提升课堂品质。

二、操作与方法

小学阶段的学生对新奇事物的接受能力强,但有意注意的时间有限。多媒体直观、生动、多彩的特点有助于创设多种多样、生动形象的教学语言环境,激发孩子的学习热情。多媒体资源的有机整合,为变革英语语境学习、提高课堂时效创造了新的契机。

(一) 运用文本资源,创设语言语境

语言语境即篇章内部的环境,又称上下文,可适用于英语阅读课。传统的英语课堂缺乏真实有效的英语学习环境,这就需要教师有意识地利用各类媒体资源来创设语言语境。通过文本再构资源和音频资源等,完善语篇内容,再通过完整的语篇输入和听读训练,强化学生的听说能力,从而提升学生的语言理解能力。

(二) 利用动画资源,推进情景语境

学生在中文环境中学习英语有难度,这就需要教师不失时机地创造情景语境,为学生提供一个直面交流沟通的氛围,从而帮助学生开口说,提高学生运用英语进行交际的能力,而视频资源和 flash 就能够很好地构建情景。视频作为一种动态的声音与图片结合的载体,能够刺激学生的视听感官,创设浓烈的英语课堂学习氛围,使学生自

然而然地在英语课堂中脱离母语环境,在视听体验中获得充分的感受,从而敢于也乐于开口说英语。在教学过程中,为促进学生的口语表达,我会根据所学课时内容,寻找或制作适切的视音频资源来营造相关情景语境。

（三）巧用图片资源,营造时空语境

在英语教学中,当涉及某些抽象的教学内容时,如时间表达、四季更替、地点转换等,就需要教师利用媒体资源剪辑相关时空场景,创设时空语境,激发学生的学习兴趣,引导学生进行言语表达。在众多的媒体资源中,图片能很好地达到这一效果。色彩鲜明的图片对低龄段学生来说有着强大的吸引力,一些特殊抽象的教学难点可以通过一张图片清晰明了地呈现出来,宛如时空再现,有助于学生简单领悟其含义并加以巩固。

（四）借用图表资源,渲染文化语境

英语是学生的第二语言,只有让学生了解中西方文化的差异以及思维方式的不同,才能更好地进行言语表达。这就需要教师重视文化语境的创设,引导学生在具体的文化语境中体验、感悟国内外文化,形成跨文化交际意识。我们在英语教学过程中,可以采用观看图表、影片等形式,渲染文化语境。

三、案例与研究

我结合自身所学和教学实践,通过四个具体教学实例来阐述和说明如何运用媒体资源来变革上述四类语境学习的方式。

（一）创设语言语境,提升语言理解能力

牛津英语"3AM3U1 My school(Period 3)Our school"一课的学习内容为介绍学校的四个场景(classroom,playground,hall,library)以及简单活动。由于课文的文本(见图1-3-1)相对简单,我将文本资源进行了适当的扩充与再构来创设语言语境:由原本的简单场景描述增加了更多的活动描述以及对学校各场所的情感体验(见图1-3-2)。首先让学生通篇阅读文本,对文本内容有一个大概的认识与意义建构。通过丰满语篇资源以及加深上下文情感的递进,增加了画面感,让学生对学校有了一个更立体全面的理解,激发了学生对学校的热爱之情。

```
Look at the picture.
This is my school. It is big and nice.
This is our classroom. We read and write in it.
This is our library. We can read in it.
This is the hall. We can sing and dance in it.
And that's the playground. We can play basketball there.
```

图 1-3-1　课文原文本

```
Look at the picture. This is our school. It's big and nice.
This is our (classroom.) It's nice. We can have lessons there.
We can read and write too. I love the classroom. How super!
This is our (playground.) It's so big. We can play sports in it.
I love the playground. How happy!
This is our (hall.) It's beautiful. We can sing and dance there.
We can have parties too. I love the hall. How cool!
This is our (library.) It's clean. We can read many books in it.
I love the library. How fun!
There are so many places in our school. I love our school!
```

图 1-3-2　再构文本

另外,为了加深语言语境的浸润,我利用了大量的音频资源进行导学。在进一步学习学校的四个场景前,我设计了"Listen and Circle"的活动。通过"What?""How?"以及"What ... do?"三个核心问题让学生带着问题进行阅读学习,在边听、边看、边圈的过程中找出学校场所的特点和可在此场景内进行的活动,并感受学校不同的场景。让学生通过大量的听读训练,理解所学内容,感受语篇的结构和逻辑,进一步加深对语篇的理解和认识,培养思维能力。

(二) 推进情景语境,开展交际实践

以牛津英语"3AM3U1 Insects(Period 1)Insects I see"为例。在课堂导入环节,我

通过让学生欣赏flash《蝴蝶飞》(Fly the Butterfly),烘托欢快的课堂氛围,并自然引入单元主题"Insects"的话题情景。由于在英语实际课堂中,不可能离开课堂带学生去实际的自然场景中近距离地观察昆虫,我制作了Kitty与Ben在公园观察昆虫特征的教学视频。在教授新知前先播放此段视频将学生带入观察昆虫的情景语境中,使学生对整个语篇有了一定的了解,初步感知本课时的主体文本。在课堂巩固环节,我再一次利用视频资源和实物道具让学生分别扮演Kitty和Ben来介绍昆虫,从而开展实际语言交际,由此学生发挥了潜能和想象力,听说能力也得到了综合性的提高。在课堂的最后,我又一次播放视频,让学生整体回顾主体文本,进行复习与巩固,进一步加深记忆与理解。这一案例充分体现了小学英语教学的活动性和情景性,综合培养了学生的语言运用能力。

(三) 营造时空语境,激发学习兴趣

以牛津英语"3BM3U3 Seasons(Period 3)My favourite season"为例。我设计了哆啦A梦通过任意门穿越四季,感受四季更迭之美的时空语境。我选取了四张有代表性的季节图片,引导学生观察四季的天气特征、颜色特点及人们所从事的活动等。之后,让学生扮演哆啦A梦对自己喜爱的季节进行简单描述。不同时空场景的任意切换,有趣而生动,不仅吸引了学生的注意力,也激发了学生的学习积极性及表演欲望,从而助推教学目标的有效达成。

(四) 渲染文化语境,形成跨文化意识

教学"3BM4U2 Children's Day(Period 3) Different Children's Days"一课时,我先让学生观看影片,通过影片里不同国家的标志性建筑和人物的介绍,让学生感受异域文化,从而创设文化语境,为各国儿童节的不同埋下伏笔。然后,我设计了一张图表(见图1-3-3),直观清晰地向学生展示了不同国家的儿童节的日期,并让学生通过小组观察探究,总结中西方国家表达日期的差异:中文中是先说月份再说日期,而英文中却恰恰相反。学生在自主探究的过程中,不仅感受到了中西方文化的不同,也提升了小组协作能力。在课堂反馈环节,我再次利用这张表格让学生根据图表和关键词来表述不同国家的具体日期,巩固新知,也有利于学生内化自己的语言结构。

Country	Date
China	the first of June
UK	the fourteenth of July
Singapore	the first of October
Thailand	The second Saturaday of January
Japan	girls: the third of March boys: the fifth of May

图 1-3-3　各国儿童节对应日期

四、研究结论

通过以上理论和课例研究,我认为合理利用多媒体资源对语境创设学习有着较好的促进作用,有助于提升课堂教学实效。

(1) 通过文字、音频、图片、动画或视频等媒体资源的有机整合,能逼真地进行情景再现,为学生营造出一个生动形象的教学语境,从而助推学生的言语理解。

(2) 媒体资源支持下的语境学习能够充分调动学生学习英语知识的兴趣和积极性,引导学生敢于并乐于进行口语表达,从而培养和提高学生的口语交际能力。

(3) 依据不同的课例创设真实适切的语言学习环境能够营造特定的文化背景,使学生了解中西方的文化差异,从而培养学生的跨文化交际意识,丰富学生的情感体验,达到语境学习的有效性。

不过,教师应注意控制多媒体资源的使用量,防止信息泛滥。另外,对多媒体资源的选取也要适度,剔除非必要的资源,避免课堂中不必要的干扰。我们应根据英语课程标准的要求,找寻媒体资源与英语视听教学的最佳结合点,从而提升学生的学习效能。

(撰稿人:蔡玉莲)

第四节

信息资源与游戏学习

信息技术的不断普及与广泛应用,推动教育教学进入一个崭新的时代,信息化教学成为必然产物,在各学科中的应用逐步升温,体育学科也毫不例外。随着上海市二期课改的有效实施,市教委提出"小学体育兴趣化"这一指导性教学改革方向,对教师的课堂教学提出更高要求。笔者围绕信息技术在小学体育课堂中的融合创新应用进行思考与实践,总结其对开展"小学体育兴趣化"改革的促进意义,力求不断提高课堂实效,培养学生自主健身的意识和能力。

一、理论与依据

(一) 理论基础

信息技术作为一种新型教育技术,无疑会拓宽教育发展的道路,不仅使教学形式、手段更加新颖有效,课堂学习更加充实高效,而且无形中提高了教师的专业素养,最主要的是很大程度上促使学生更加积极主动地参与学习,提高他们掌握知识以及运用知识的能力和素养。教育部办公厅印发的《2014年教育信息化工作要点》明确指出:以促进深度融合为核心;坚持从教育改革发展面临的实际问题出发,与教育教学实践紧密结合;充分发挥学校、教师的主体作用,推动信息化手段在课堂教学中的广泛应用;全面推动中小学利用信息技术开展教学活动,促进教育教学方式的变革。

"小学体育兴趣化"改革旨在通过"游戏化"体育教学,使小学生入学伊始就对学习体育产生兴趣,喜欢上体育课,乐于参加体育活动,不断增强身体活动能力,提高身体素质,这对于学生养成终身锻炼的习惯和自觉锻炼的意识具有不可替代的重要意义。其五大任务指出要从教学目标、教学内容、教学组织、教学方法与手段、教学评价五个方面进行课堂优化,对教师的教学能力提出更高要求。

(二) 研究依据

作为上海市第二批"小学体育兴趣化"试点学校的一线教师,如何实现兴趣化是笔者需要思考的问题。随着信息化教学的普及与蔓延,如何结合信息技术,优化传统教学模式,使学生变"要我学"为"我要学",变"灌"为"导",充分体现学生的主体地位,营造趣味、多样、多元化以及创新、合作、探究性的课堂常态,真正实现兴趣化,值得深思。

二、操作与方法

(一) 音乐注入,增强活跃性

体育是人体的肢体运动,音乐则是内在情感与情绪变化的直接反馈。结合小学生活泼好动以及注意力不容易集中的特点,在体育课堂中适当选用音乐,可以吸引学生的注意力,有效激发他们的学习兴趣和参与动机,使课堂更加活跃、动感和有效,从而对学生的动作学练起到很好的辅助作用。

(二) 自主学练,激发趣味性

"教师主导、学生主体"是"兴趣化"的一个关键点,也就是使学生真正成为课堂的主人,发挥他们的主观能动性,增强其合作以及探究能力,从而不断激发其学练兴趣。Pad作为信息化技术的一种展示工具,在课堂教学中能起到很好的辅助作用。

(三) 图文演示,深化学练性

针对体育学科脑力活动与肢体活动相结合的特殊性,以及小学生喜爱直观形象的图片、动画、视频等的特点,在课堂教学中可以充分发挥电子屏幕的有效辅助作用,将空洞干瘪的语言描述转变成学生看得见的元素,从而有效提高他们的学练效果。

(四) 投屏反馈,强化有效性

随着信息技术在课堂教学中的不断成熟运用,显示屏与手机、Pad 等电子设备的同屏应用技术也得到很多教师的青睐,这一技术的合理运用可大幅度提升学生的练习效果。

(五) 数据同步,提高科学性

练习的科学有效性在课堂教学中极为重要,如何通过数据对教师的"教"和学生的"学"进行指导,使练习强度和密度控制在最合理的范围,是非常值得我们研究和探索的。

三、案例与研究

通过对以上操作方法的研究与探索,笔者结合自身所学、所见以及已有的教学经验,做了如下思考与教学实践,下面通过五个教学案例予以展示和说明。

以一年级"各种单、双脚跳跃方法"一课为例。低年级学生虽然活泼好动,但学练持久度和投入度较低,针对这一问题,笔者在本课准备活动中,在欢快的音乐声中,带领学生进行动物模仿操,这不仅使学生在不知不觉中达到很好的热身效果,更使他们注意力集中,对本节课的学练充满期待和好奇。在基本部分的学练中,为使学生乐在其中,笔者播放了节奏感较强的背景音乐,引导学生根据音乐节奏练习单、双脚跳跃,使音乐和体育达到很好的融合,学生参与度和学练有效性大大提高。综合活动中,则选用较为高亢的音乐,激发学生的比赛热情和积极性。结束部分,则选用较为轻快的音乐,使学生在舒缓的音乐声中放松身心,达到很好的教学效果。

以二年级"立定跳远"一课为例。上海市某市级展示课中,教师采用分组及团队合作的组织形式,每组发放一台 Pad。教师进行简单的动作讲解及示范后,要求学生根据 Pad 上的指示进行场地器材的变换布置及练习,并引导学生以团队合作为主要形式,在尝试、探究、互助中循序渐进地发现并解决本课"蹬摆有力"的动作要点。学生每完成 Pad 中的一个"关卡",都会更加积极主动地去"解锁"下一任务,这样自主性、探究式的学习方式,使原本枯燥乏味的学习内容变得生动,有效激发了课堂的趣味性,且符合现代学生学习的心理特点，他们能够在一种积极有效、轻松愉悦且充满挑战的氛围中学练。

以五年级"跳上成分腿立撑——前跳下"一课为例。该内容是有一定难度和危险性的支跳类项目。笔者在授课中为使学生更加直观有效地观看动作要点，将教学重、难点细化、明确化，课上多次通过大屏幕展示图片及视频进行辅助教学，且运用慢动作、动画定格等形式，以文字标注的方法向学生展示要点细节，同时显示动作口诀："双脚踏跳巧用力，直臂支撑用力推。提臀分腿直腿落，推肩扶臂保护好。"使学生在文字表述及图文显示的双重引导下，进行有效学练，提高课堂实效。

以三年级"前滚翻分腿起"一课为例。教师在巡视指导学生练习的过程中，利用手机进行拍摄，练习结束时将视频投放到大屏幕上，使学生不仅看得见老师及同伴的动作，也能清晰看到自己的动作，并对照规范动作进行不断纠错和完善，如手臂支撑位置不正确、蹬地不充分、重心前移不够、分腿角度不合理等。这种及时有效的反馈，使学生及早发现自身问题并主动探索解决办法，动作学练更加规范、有效。

以五年级"障碍跑"一课为例。该内容是在自然快跑运动中用绕、跨、钻等方法通过障碍物，是一项具有一定难度、实用性较强的综合性运动，对学生的速度、力量、耐力、灵敏等素质都有一定要求。大部分五年级学生虽已具备较好的身体素质条件，但是该动作持续性较强，且"动作方法"中没有对跑动速度做出明确要求，于是，笔者在专业人士的指导与帮助下，在上课班级尝试使用心率手表，并将每位学生的心率情况投放到大屏幕上，师生在练习时可时刻关注心率变化，根据大屏幕上橘、绿、红、蓝等颜色标识，对运动强度一目了然，然后进行及时调整、休息或加快奔跑速度。这增强了学生练习的趣味性，学生在教师引导下掌握了科学健身的能力和本领，做到了科学学练，从而为发展终身体育意识和能力打下坚实的基础。

以上所述五个教学案例，分别从音乐、自主学习、图文、投屏以及数据五个方面，对信息化资源促进"小学体育兴趣化"的实施进行具体阐述和说明，对学习方式的变革有积极促进作用。

四、研究结论

（1）信息化资源的有效使用和"小学体育兴趣化"都是教育发展的新方向，二者的有效融合与创新是行之有效的手段与方法。

（2）在小学体育课堂教学中，教师可以利用音乐、图片、视频、大屏幕、心率手表、手机等电子设备进行辅助教学，不仅可以活跃课堂气氛、激发学生的学练兴趣，而且能够提高学生的学习效率、增强学生的学练有效性，更能够进行直观有效的评价与反馈，实时追踪练习强度和密度，使练习更加科学有效，为学生的自主健身奠定基础。

（3）在课堂教学中，教师应逐步探索更多利用现代信息技术资源促进"小学体育兴趣化"的手段，但是要以体育教学为主，信息技术只能作为辅助工具，切不可为信息化而信息化。

（撰稿人：王新）

第二章　素材性资源：学习内容的精彩演绎

　　素材性资源能够作用于课程，并能够成为课程的来源，其存在形式可以是物化形态，也可以是生命化形态。其中，教材是最基本的也是最主要的素材性资源，是教学内容的重要载体；生活经验则是素材性资源的重要组成部分。教师要利用教材引导学生主动建构结构化的知识体系；引导学生将学习与生活经验相联系，关注生活，在生活中学习，以生活促学习。

- 第一节　情境插图与语境学习
- 第二节　教材资源与概念学习
- 第三节　生活资源与阅读学习

素材性资源是作用于课程并且能够成为课程来源的课程资源,其存在形式可以是承载知识、技能和其他信息的物化形态的载体,如教学用书、参考资料、学习辅导材料等,也可以是与人的活动相关的生命化形态的载体,如教育主体的经验、活动方式和方法,以及师生在交往活动中动态生成的感受、问题、困惑等。[①]

　　素材性资源构成了学生学习的主要内容,直接影响学生的学习效果。其对学生学习产生的影响,依赖于教师对这些资源的有效开发与利用。其中,教材是最基本的也是最主要的素材性资源,是教学内容的重要载体。教师对于其他资源的开发和利用,都要建立在对教材的充分利用基础之上。教师在利用教材时,不仅要呈现学科知识,还要深入分析教材中知识之间的联系,引导学生建构结构化的知识体系。这种建构是学生主动学习的结果,是学生以一定的方式和方法将新知与已有的生活、学习经验建立联系的过程。因此,生活经验是素材性资源的重要组成部分。主动学习是一种内源性学习,是学生对知识中所包含的信息进行主动选择和加工的过程。而知识源于实践,存在于情境中,学生只有积极参与到情境或实践中,才能不断积累个体经验,通过内化或顺应,不断提升认知能力。所以,主动学习的发生,需要一定的情境或经验基础,而它们必然与生活相关。教师要重视生活与学习的关系,引导学生在生活中认识和发现真理,借助生活中的资源促进自身的学习,并在生活实践中运用所学知识与技能解决实际的生活问题,实现在生活中学习、以生活促学习、以学习服务生活。

---

① 吴刚平.中小学课程资源开发和利用的若干问题探讨[J].全球教育展望,2009,38(3).

第一节

情境插图与语境学习

课文情境图是语文教材的有机组成部分,是语文课堂教学的重要资源,是深化学生与文本对话的有效载体,能直观简便地帮助学生加深对课文的理解。它不只是一种点缀,更是提升语文教材内在品质的润滑剂。作为教师,我们应认真研读情境图,与之展开有效对话,摆正图与文的关系,有效利用课文情境图资源,让学生在语境学习中提升综合运用语言的能力。

一、理论与依据

课文情境图是小学语文学习的辅助工具,在语文教学中不但能提高学生学习的兴趣,还在词句段的理解、古诗词的鉴赏等方面起着重要的作用,把课文情境图用于学生对语境的学习是有研究依据和理论基础的。

(一) 理论基础

小学生的思维主要处于从具体形象思维逐步向抽象逻辑思维过渡的阶段,依然存在直接与感性经验相联系的特点,所以在小学语文教学中要增强教学的直观性,多使用刺激感官的材料来帮助学生记忆。借助形式多样的课文情境图引领学生观察思考,调动学生主动参与学习的积极性,设计符合他们注意力与思维特点的教学活动,能激发他们的学习兴趣,使之产生强烈的内驱力。

瑞士儿童心理学家皮亚杰指出,学习是刺激与反应相互作用的双向过程,而决定学习的因素是个体与环境的交互作用,是一种能动建构的过程。

语文作为一门工具性与人文性相统一的学科,应该让学生在学习中体验,在合作参与中学会语言技能、理解语言知识并综合运用语文。而课文情境图的使用有助于调动起学生的主观能动性,使他们积极参与交流与思考,获得与现实世界比较接近的学习体验;能充分体现语文教学的实用性与趣味性,有助于培养学生对语文知识的整体建构,提升学生的思维品质。

(二) 研究依据

《义务教育语文课程标准(2011年版)》第一部分第二板块"课程基本理念"之一"全面提高学生的语文素养"明确指出:"语文课程应激发和培育学生热爱祖国语文的思想感情,引导学生丰富语言积累,培养语感,发展思维,初步掌握学习语文的基本方法,养成良好的学习习惯,具有适应实际生活需要的识字写字能力、阅读能力、写作能力、口语交际能力,正确运用祖国语言文字。语文课程还应通过优秀文化的熏陶感染,促进学生和谐发展,使他们提高思想道德修养和审美情趣,逐步形成良好的个性和健全的人格。"因此,课文情境图的使用在小学语文教学中不容忽视,情境图对帮助学生理解文本、启发思维、发展语言、增强美感等起着不可估量的作用。

《义务教育语文课程标准(2011年版)》第一部分第二板块"课程基本理念"之三"积极倡导自主、合作、探究的学习方式"中强调:"语文学习应注重听说读写的互相联系,注重语文与生活的联系,注重知识与能力、过程与方法、情感态度与价值观的整体发展。"教师应帮助学生在结合情境图的学习过程中理清课文的脉络,复述课文,有感情地朗读课文,顺畅地表达所见所闻、所思所想,从而有效提升学生对资源使用中的学习策略的信心。

二、操作与方法

在语文教学实践中,为学生创设语境,采用有效的学习方式是教师一直探讨的问题,而重视对课本已有资源——情境图——的使用将起到事半功倍的作用。

（一）初读观图，了解大意

由于小学生的知识水平与生活阅历尚浅，教师单一的讲解不能使他们在头脑中建立应有的表象，对文本也是一知半解；而情境图的呈现，在学生初读课文时能弥补这一不足，使学生了解基本内容。因此，无论是对词语的理解，还是对课文的深入学习，情境图都有着不可替代的作用。

（二）图文对照，条分缕析

义务教育语文教材中有些课文故事情节曲折，学生不易读懂，教师可以利用情境图来作为提示以降低学习难度；有些故事充满神奇色彩不易被理解，教师可借助情境图进行图文对照式教学以突破难点。

（三）聚焦细节，读写结合

尽管课文情境图是静止的，但其内容是生动有趣的，其中还有许多"小秘密"，可以为学生的读与写提供鲜活的素材。将平时的阅读积累、方法习得与当下的写作训练有机结合，对提升学生的习作能力有着深远的意义。

（四）身临其境，体悟美感

人都有对美好事物的向往之情，而优美的情境图能吸引学生的眼球，给人视觉上的愉悦感，进而激发学生进入文本学习；之后学生再看图回味文字，能产生情感上的共鸣，成为学习的内在力量。

三、案例与研究

在语文教学中，有效地运用情境图有助于化解教学中的难点，使教学更为顺畅，而学生也乐于学习且学得轻松愉悦，实为双赢之策。

（一）借用情境图，理解课文内容

以统编版语文三年级上册第23课《父亲、树林和鸟》为例，课文讲述了父亲一生最喜欢树林和唱歌的鸟的故事，表达了爱鸟和护鸟的思想感情。对文中双修饰词"我茫茫然地望着凝神静气的像树一般兀立的父亲"一句的理解是教学的难点。因为学生没有见过真正的森林，很难想象树木林立、高大挺拔的形态和幽深、雾蒙蒙的场景，理解起来确实有难度,而情境图的出现让学生的想象有了凭借,高大的父亲拉着矮小的"我"屏息凝神地看着、闻着的场景立刻建立起来了。对还幼小的"我"来说是无法理解当时父亲的言语与举动的,故而情境图中"我"的神情是疑惑的,也从侧面表达出父亲对大自然里的生命充满敬畏之情,表现他知鸟爱鸟的特点。可见,课文情境图的使用对环境的渲染与人物的刻画起到了推波助澜的作用。

(二)巧用情境图,理清文章脉络

以统编版语文四年级上册第12课《盘古开天地》为例,它是中国古代神话故事,讲述了巨人盘古用神力开辟天地、以身躯化为万物的故事,塑造了他雄伟、高大的形象,赞美他为开辟天地而勇于献身的精神。教学的重点是让学生在课文中找出认为神奇的地方并说清盘古开天地的过程,从而感受盘古这一人物形象。

课文配以连续的四幅图,分别为:盘古蜷缩在"大鸡蛋"中;盘古单膝跪地,双手使劲挥舞斧头;盘古双脚立于地,双手撑着天;盘古俯首跪地。若表述清楚这四幅图的内容,岂不就是复述故事的内容吗?因此,在教学中要让学生充分感知画面内容,调动他们的多种感官,从而在脑海中建立起文字的印象。我先呈现出四幅打乱顺序的情境图,让学生在听读课文之后重新排列顺序并说说故事内容;再找找与每幅图相配的段落,图文对照,丰富语言。接着在分段学习中体会每幅图的神奇之处,如在"开天辟地"中,"轻而清的东西,缓缓上升,变成了天;重而浊的东西,慢慢下降,变成了地"。在"顶天立地"中,盘古"头顶天,脚踏地,站在天地当中,随着它们的变化而变化。天每天升高一丈,地每天加厚一丈,盘古的身体也跟着长高"等。最后将这四幅图的内容按事情的起因、经过和结果串联起来,也就将盘古开天地的过程表述清楚了。这种将文字与图片建立联系的学习方法大大降低了学生学习的难度,让学生学得轻松又有成就感,是有效的教学辅助手法。

(三)活用情境图,培养读写能力

以统编版语文三年级上册第六单元习作《这儿真美》为例,写作前先指导学生仔细观察图画上有什么、是什么样子的,再围绕"美"这个中心词将景物串联起来,要求按一定的观察顺序进行。这顺序可以是由远及近、由上至下的,也可以是按时间的先后顺序或地点的转换等,如此进行深入细致的刻画,使表达更具条理性。有位学生就写下了这篇习作：

  一说到美的地方，我最先想到的就是家附近的百亩公园，这个我和妹妹从小玩到大的地方。公园四季如画，各具特色，美不胜收。

  春天时，这里的花竞相绽放，把前面的小树林缀满了色彩。小动物们也跑了出来，在跑道上，不时能看到一只狗与一群猫在追逐嬉戏。早晚能见到坚持锻炼的人们，令公园充满着生机与活力。

  夏天，公园旁边小河里，荷花都开了。公园上空时有白鹭飞过，偶尔也会在岸边休憩。树上的知了不知疲倦地叫着，好像在说"热死了，热死了"。太阳落山后，公园变得热闹起来，居民们纷纷出门活动了，有的卖力地跑着步，有的尽情地踢着球，当然也有拿着扇子遛娃的、牵着绳子遛狗的……好一派夏日独有的风景。

  秋天，公园里丹桂飘香，树叶金黄。一阵风起，落叶飘零。休息天，小朋友们喜欢来这里踩落叶、放风筝。这边传来"沙沙"的树叶声，那边传出银铃般的欢笑声，还伴随着空中那晃晃悠悠的风筝，好一幅优美的秋景图！

  冬天到了，树木像剃过头一般变得光秃秃的，只有松树还是绿油油的。下雪了，最欢乐的还是孩子们。我们会不约而同地来公园堆雪人、打雪仗，在这白茫茫的天地里畅快玩耍。

  瞧，这就是陪伴我长大的地方，一个我心中最美的地方。

（四）善用情境图，提高审美情趣

  以统编版语文三年级下册第24课《火烧云》为例，这是一篇描写大自然美景的文章，描写的是乡村傍晚火烧云从上来到下去的过程中颜色和形状的变化，表现大自然景象的瑰丽和变幻无穷，表达了作者对火烧云的赞叹之情。

  教学时，我紧紧抓住学生对美的向往这一心理开始探寻美的旅程。让学生将视线停留在课文中大幅的情境图上并配以教师声情并茂的朗读,之后让学生来交流自己的心得体会。有的说:"我有了身临其境的感觉,似乎听到了画面上的人物在对话。"有的说:"呼兰河一带的人们好幸福,可以经常欣赏到这么美的景色。"我顺势追问:"你能说说你感受到的美吗?""我从来没见过这么多的色彩,而且在短时间里不断变化着。如果我在现场的话,一定兴奋透顶!""不仅如此,色彩变化的同时,云的形状也在变。变成马、变成大狗、变成大狮子,多么有趣呀!多想亲自看看呀!"让学生带着这份向往之情也来美美地朗读课文,感受作者的文字之美。

读罢,学生们急着分享自己的发现。"我发现作者同样写颜色,却用了三种不同的表现手法,有 ABB 型的,有半 X 半 X 型的,还有物体加色彩结构的,我想这样写是为了体现色彩的丰富吧!""我发现作者很喜欢用'了'收尾,第一自然段就连用了 7 次;第四自然段中两句话里有 5 个'了',我觉得读起来很有意思。"从情境图入手引领学生去感受文字之美,这也是语文学科的特点,让学生在优美的文学作品的熏陶与感染下,积累语言,丰富情感。

四、研究结论

统编版小学语文课本中的情境图是课文的重要组成部分,它是客观事物形象的真实再现,是符合小学生心理特点的;它形象直观地描绘了一定的情境,高度概括了课文的主要内容。科学合理地运用课文情境图,有益于激发学生的学习兴趣,培养学生的语文学习能力,陶冶学生的审美情操。

1. 课文情境图的运用,能激发学生的学习兴趣

小学生以形象思维为主,对事物的表象很感兴趣,课文中丰富多彩的情境图恰好符合学生的这一特点。用形象直观的情境图引导学生走进文本内容,加深学生对事物的认知、记忆与感受,让他们在学习中感到轻松愉快,提高学习兴趣。

2. 课文情境图的运用,有助于学生对文本的理解

情境图弥补了学生生活经验的不足,直观的画面激发了学生的学习潜能;学生主动参与思考,展开合理的想象,碰撞出了不少思想的火花,思维在广阔性、深刻性、逻辑

性与灵活性等方面得到了全面的发展,对文本的理解也就更透彻了。

3. 课文情境图的运用,能培养学生的审美能力

小学语文教材基本上每篇课文都配有精美的情境图,这些精心设计的丰富多彩的情境图具有很强的吸引力与感染力。尤其是每个单元中的古诗词都配上了相映成趣的水墨画,看着就赏心悦目,令学生爱不释手。教材中大量的情境图愉悦着学生的身心,让学习不再枯燥乏味,教师在培养学生学习能力的同时,也注意熏陶他们对美的感知力,从而提高他们的审美能力。

在小学语文教学中,虽然课文情境图是不可或缺的教学资源,但不是说所有的课文都得采用这一资源,也要适可而止、按需取用。有些一看就明白的情境图就无须教师多指点学生;有些情境图的美是只适合意会不适合言传的,就不要去干扰学生对美的感知,毕竟"此时无声胜有声"也是语文教学追求的崇高境界。

(撰稿人:许爱芳)

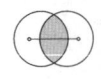

第二节

教材资源与概念学习

数学概念是人类对现实世界空间形式和数量关系的概括反映,是建立数学法则、公式、定理的基础,也是运算、推理、判断和证明的基石,更是数学思维、交流的工具。在小学数学课本中概念随处可见,例如一年级上册课本设计了排队这一生活情境,让学生理解"第几"这一定义性数学概念;五年级下册中运用温度计让学生理解"正数""负数"的概念⋯⋯但为什么还是很难上好一节概念课?学生还是很难理解数学概念呢?在教学中我逐渐意识到随着科学技术的飞速发展,只依靠教材或是由教材引申的基础教具等教材资源并不能充分满足日常教学需求,在日常教学中我们需要更合理地运用教材资源变革概念学习方式。在进行概念教学时要以教材为基础,理解教材编写者的设计思路和设计目标,根据学生的学习水平,着眼于学生的最近发展区,在充分利用教材资源的基础上有针对性地挖掘教材中的概念体系,优化教材资源,让学生在理解概念的基础上内化并充分运用概念解决数学问题。

一、理论与依据

教材资源具有很强的时效性,教师应以课本为基石不断更新教材资源,才能在教学数学概念时既贴近学生的最近发展区,符合学生的认知水平,又避免枯燥感,提高学生的学习兴趣,将具象问题抽象化,使学生初步建立模型思想。

《义务教育数学课程标准(2011年版)》指出:课程内容的选择要贴近学生的实际,有利于学生体验与理解、思考与探索;课程内容的组织要重视直观,处理好直观与抽象的关系;要充分考虑信息技术对数学学习内容和方式的影响,开发并向学生提供丰富的学习资源。2019年6月《中共中央国务院关于深化教育教学改革全面提高义务教育质量的意见》第三部分第8项"优化教学方式"里对教师提出了"课前要指导学生做好预习,课上要讲清重点难点、知识体系,引导学生主动思考、积极提问、自主探究。融合运用传统与现代技术手段,重视情境教学;探索基于学科的课程综合化教学,开展研究型、项目化、合作式学习。精准分析学情,重视差异化教学和个别化指导"等要求。

在小学数学学习中,数学概念的学习是构建数学知识体系的基础。数学概念分为两类[①]:一类是将现实对象或关系直接抽象而成的概念,在小学数学学习中我们也可以简要概括为具体概念;另一类是纯数学抽象物,这类概念是抽象逻辑思维的产物,可以简要概括为定义性概念。

基于布鲁纳提出的发现学习和奥苏贝尔加以明确化的接受学习这两种学习方式[②],通常在小学数学概念教学中,对于具体概念我们更多采用发现学习方式,运用生活资源为学生创设生活情境,贴近学生生活,让学生经历"具象—抽象"的过程,建立起抽象概念并理解内化。对于定义性概念我们则更多采用接受学习方式,由教师直接揭示概念的定义,让学生借助已有知识经历"抽象—抽象"的过程,内化概念。在教学数学概念时教师应关注如何充分运用教材资源,精准分析学情,在选择合适的教材资源的基础上,设计更符合学生最近发展区的情境及学习材料,变革概念学习方式,让学生更好地建立模型思想,内化数学概念,不仅知道"是什么?为什么?",还能在解决问题时知道"用什么?"。

二、操作与方法

在小学数学中,数学概念包括数的概念、代数的概念、几何的概念以及统计的概念

---

① 邵光华,章建跃.数学概念的分类、特征及其教学探讨[J].课程·教材·教法,2009,29(7).
② 庞维国.论学习方式[J].课程·教材·教法,2010,30(5).

等。如何让学生在学习这些抽象的数学概念时既学会又会学,是每一位教师都面临的难题。在教学数学概念时我们可以将每一个数学概念作为拼图中的一块来看待,只有将每一个数学概念放入数学知识体系之中,充分分析教材,运用好教材资源,我们才能透过抽象的数学概念看到本质。

(一) 充分利用教材资源,关注数学概念本质

小学阶段"数的认识"中包含很多数的概念,这些数的概念的学习分布在五个学年中,学生在一年级学习百以内的数,二年级学习万以内的数,三年级初步认识分数,到了四年级开始学习小数,五年级又将数的范围进一步扩大到负数。那么我们是否可以在每一次数的教学中寻找一块拼图的同时关注这块拼图在整幅图中的位置呢?"建立知识体系"这简单的6个字并不简单。数的概念之所以贯穿着整个小学阶段的数学学习,有着非常重要的设计依据,我理解为这与人类历史中数的发展规律是相吻合的。只有充分备课,利用好教材资源,关注数学概念的本质,真正地把握每一节概念课的教学目标,才能把握住每一节课的教学主线,跟随主线做课堂的主导者,真正地做到让学生成为概念学习的主体。

(二) 积极挖掘教材资源,关注概念学习方式

如前文所述,对于具体数学概念,学生通过直观的学习资源建立数学模型,抽象出数学概念;对于定义性概念,学生通过教师揭示概念的意义,运用已有知识进行内化,这种学习方式对于学生来说需要较强的逻辑演绎,这种情况下学生的学习方式很容易从接受学习转向机械学习,停留在表面的定义,无法内化数学概念。因此我们可以通过积极挖掘教材资源,在已有教材的基础上自主设计校本教材资源,变革概念学习方式,结合学生的实际学情,有针对性地为学生提供优质的学习材料,让学生从机械的接受学习变革为有意义的接受学习。

(三) 优化设计教材资源,关注数学概念运用

在充分运用教材资源,挖掘并设计校本教材资源的基础上,我们还应通过反思和教研等方式将现有教材资源进行优化。正如每节课后都会进行教学反思一样,教材资源具有很强的时效性,只有既结合学生的学习水平,又充分运用信息技术不断优化教材资源,更新图片信息、文字信息等,才能创设出吸引学生的学习情境,才能在变革概

念学习方式后真正地让学生将所学概念运用到练习和生活中。

三、案例与研究

教材资源是教师进行概念教学的基础,是一切教学活动的根据,在此基础上,概念学习方式的变革主要有三方面。

(一) 培养概念意识,关注数学概念本质

"分一分"是沪教版数学一年级上册内容,这节课的重点是让学生理解"分类"这一数学概念的含义,培养分类意识,并能够对分类结果用语言表述。在教学中我发现学生运用已有的知识水平就已经能够进行分类,但如果不充分运用教材资源,学生在一节课之后并不会有学习收获,对分类标准以及如何用语言表达还是模糊不清的。

师:小朋友们,这是小胖的书包,看看书包里有什么吧?看起来他的书包有些乱,谁愿意帮他整理一下呢?

师:你有什么好方法?

生:书本放在一起,铅笔都放到文具盒里……

师:你可真厉害,能够自己整理书包。

师:那你知道这些物品可以怎样分类吗?(出示课本上的图片)

生说一说。

师:请你在教室里找一找,还可以对哪些物品进行分类呢?我们来分组比赛,每人说一个,请你说出按什么标准分。先给你们2分钟准备时间。

生说。

师布置回家作业:发语音说一说课本图片中的物品如何分类。

如何让学生学有所得,真正地通过一节课建立"分类"这一概念,培养分类意识呢?我根据课本设计了上述教学片段,运用比赛的方式让学生主动参与学习活动,将课堂延伸至课外,设计了课外的语音作业。对于低年级学生来说,概念本就是抽象的,只有让学生在具象的学习中,不断培养概念意识,建立数感,才能真正地内化概念。在教学中我们不仅用教材还要用好教材,从概念本质入手,充分利用教材资源,让概念学习基于教材,关注本质。

(二) 培养问题意识,变革概念学习方式

数的概念贯穿小学阶段的数学学习始终,在教材资源的基础上设计学习资源,关注学生从被动地接受"正数"和"负数"的概念,到自主思考,提出疑问:为什么要用到负数? 主动地去发现总结"负数"这一概念。这里以数学五年级下册"正数和负数"一课教学片段为例。

师:同学们,地铁站旁的商场马上就要建成了,商场经理请同学们帮忙设计每个楼层的标志,这栋楼地上有 4 层,地下有 2 层,请你们思考怎样设计出既简单又清晰的楼层标志? 尝试在学习单上画一画。

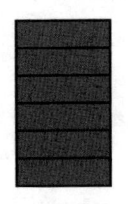

生尝试设计标志。

师:你是怎样想的?

生1:我想地上的楼层就叫地上1层、地上2层……地下的楼层就叫地下1层、地下2层。

师:你有想说的?

生2:要设计简单的,你这样的太麻烦了,标志太大了。

师:你的想法很有道理,那该怎样设计呢?

生2:地上标1、2、3,地下也标1、2。

生3:这样不就混淆了?

师:看来我们要想办法设计一个符号区别地上和地下呀。

生4:设计不同的符号。

生5:地上就用1、2、3、4,地下用-1、-2。我在电梯上看到过。

师:是的,我们可以用负数表示地下楼层,"-"叫负号。你们知道历史上的人们就像我们一样设计过各种符号表示负数吗?

师播放视频:《负数的发展史》。

"正数和负数"一课是沪教版数学五年级上册第二单元的第一课,此时学生刚学习了自然数的概念。在充分备课后,我在课前设计了一个问题:"有没有比0小的数?"并引导:人们在生活中发现正数和0已经不足以表示生活中的一些情况,于是人们把"余钱"记为正,"不足钱"记为负,就这样产生了负数。关注了负数概念产生的本质,我决定创新学习资源,创设了一个设计标志的活动,让学生在设计中发现问题,充分理解负数这一概念出现的必要性,接着通过简单信息技术播放《负数的发展史》小视频,让学生进一步理解负数产生的必要性,理解"-"是指负号。通过"地下楼层"这一实例让学生变被动为主动,内化负数概念,并将其纳入数的概念的知识体系中。

(三) 培养应用能力,关注数学概念应用

对教学资源进行优化,能够让学生在实际的生活情境中更好地理解概念,并将概念运用到解决问题中去。以沪教版数学五年级下册"可能性"一课教学片段为例。

师:同学们最近都喜欢买盲盒,今天我就准备了一些盲盒请大家抽一抽。

师出示一套猫咪盲盒。

师:请5位同学来拆,抽出隐藏款的就是今天的赢家。

生抽。

师：为什么6个人都没有抽到？

生：不一定有隐藏款，只是可能有。（师板书：可能）

师：再请6人来抽剩下的6个。他们有没有可能抽到？

生：有可能。

生抽。

师：这6位同学都抽完了，现在还有可能吗？

生：不可能，他们都没抽到。（师板书：不可能）

师：再请一位同学来抽，怎样让他抽中隐藏款的可能性大一些呢？

生：确定里面一定有隐藏款。（师板书：一定）

师：怎样让他一定抽到隐藏款呢？

生：所有的盲盒都是隐藏款。

师：你能举一些"可能""不可能""一定"的生活实例吗？

生举例。

"可能性"一课是沪教版数学五年级下册第五单元的第一课，本节课的教学目标是让学生感受和体验有些事件的发生是确定的，有些事件的发生是不确定的，并能用"一定""不可能"和"可能"正确地描述这些现象。这里我设计了更贴近学生生活的抽盲盒这一学习资源，让学生在抽盲盒这一直观活动中感知并辨析"可能""不可能"和"一定"这三个概念，同时联系生活实际，让学生说一说。这样就达到"对概念进行应用，并在应用中促进对概念的深刻理解"的目的。

四、研究结论

通过在教学活动中充分利用、挖掘、优化教材资源，及时更新概念学习材料，基于学生的认知发展水平和已有知识经验，不断设计出符合学生学习水平的教学内容，能够调动起学生对概念学习的兴趣，培养学生的概念意识，转变学生的学习方式：学习数学概念尤其是定义性概念时从机械的接受学习转变为有意义的接受学习。

　　让学生在进行概念同化时，能够顺利地从一个抽象定义出发，通过教学资源的追本溯源，在实例中建立起一个"直观"概念，内化新的抽象概念。当然，在数学概念的学习中还要关注对概念的应用，只有学生真正地理解数学概念，建立起数学概念知识体系，才能在数学学习中不断完善自己的拼图板块。

（撰稿人：朱云童）

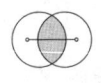

第三节

生活资源与阅读学习

生活资源是指与学生日常生活经验和生活情境相联系的素材,包括图片、影像、歌曲等。利用生活资源,能使抽象的内容具有生活化的特点,推动语文课堂的生活化建构,提高教学实效。而阅读是学生运用语言文字获取信息、认识世界、发展思维、获得审美体验的重要途径。阅读在小学语文教学中处于核心、关键的地位,为学生听说读写能力的发展奠定了基础。因此,在小学语文的阅读教学中,活用生活化资源显得尤为重要。

一、理论与依据

语文课程是综合性与实践性相结合的课程,与日常生活有密切联系。在小学语文阅读教学中活用生活资源有深刻的理论基础和研究依据。

(一) 理论基础

皮亚杰的"儿童认知发展论"指出,小学生处于"具体运算阶段",在这一阶段,儿童的思维具有局限性,对没发生过的事情还不能进行思考,儿童需要依靠具体事物才能理解抽象的内容。生活化资源源于学生的生活经历、体验等,资源类型多、范围广,能将文本中抽象的事物具化,给学生更直观的感受。因此,将生活化资源与阅读学习有机结合,有助于开拓学生的思维,提升其理解力。

建构主义理论认为,学习不是被动接收信息刺激,而是主动建构意义,是根据自己的经验背景对外部信息进行主动的选择、加工和处理,从而获得自己的意义。在阅读教学中运用生活资源,就是把学生的生活经验与文本阅读相关联,有助于改善课堂教学模式,将学生作为课堂的核心,构建起以学生为主体的教学模式。

(二) 研究依据

《义务教育语文课程标准(2011年版)》指出,语文学习应注重听说读写的相互联系,注重语文与生活的联系;教师应加强对学生阅读的指导、引领和点拨,但不应该以教师的分析来代替学生的阅读实践,不应以模式化的解读来代替学生的体验和思考。阅读教学是语文课堂中的重点;能在阅读中理解文章内容、感悟作者文字背后蕴含的情感、体会作者遣词造句之妙等,都是学生阅读能力的体现。阅读能力对语文学习至关重要。教师在语文阅读教学中融入生活素材,创设生活情境,以此来唤醒学生的生活经验,让学生设身处地地展开思考,不仅能够充分调动学生的学习积极性,还能帮助学生更好地理解文本,进一步提升阅读能力。

二、操作与方法

对小学语文课堂而言,生活资源的使用能在阅读教学中起到积极的作用。教师应当结合教学目标和学生学情,活用生活资源,实现阅读教学有效重构,推动阅读教学的进步和发展。

(一) 巧用生活素材,激发学习兴趣

阅读是小学语文教学的核心部分。课堂中,学生需要对文本形成有效的认识与理解。然而,由于小学生的生活体验有限,对部分课文描绘的场景不能有效理解,在课文的学习过程中,学生的学习效率和学习兴趣都会逐渐减弱。因此,教师可以运用与文本内容相关的生活素材,最大程度地激发学生的学习兴趣,帮助学生更好地理解课文,感受作者通过文字表达的感情。

(二) 创设生活情境,增强自身体验

由于年段特点,小学生对语文知识的积累和储备尚不足,想要进一步理解课文内容，并不是件易事。因此，在基于文本的阅读教学中，教师可以联系学生的生活实际，创设情境，将学生引入具体情境中展开思考，增强学生的体验。

（三）活用生活场景，对比加深理解

大部分学生在阅读学习的过程中，缺乏将生活场景与课文内容联系起来的意识。即便是熟悉的生活场景，放到课文里，学生也无法深入了解文本内容。而课文中也通常会用上一些写作手法，使文字更生动，但也给低年级学生的理解带来了一定的难度。因此，教师可以利用相应的生活场景，使学生通过亲身体验，加深对文本的理解。

三、案例与研究

生活资源的运用在阅读教学中有一定的操作与方法，能激发学生的学习兴趣，增强学生的体验，进一步加深学生对课文的理解，提升学生的阅读能力。

（一）以生活素材激发兴趣

在教学统编版语文三年级上册《美丽的小兴安岭》这篇课文时，我先出示了一系列小兴安岭的图片，学生的注意力一下子被吸引了过来，纷纷把目光投向电脑屏幕，看得入神。我随即说道："今天，我们就要一同走进小兴安岭，领略一番那儿的美景。"

在学习小兴安岭四季景色的相关段落时，我又出示了相应的视频：春天，树木渐渐抽枝发芽，溪水缓缓流淌；夏天的早晨，浓雾升腾起来，阳光穿过树梢洒下来；秋天，叶子逐渐变黄，森林里硕果累累；冬天，到处白雪皑皑，动物们躲进窝里冬眠……动态的场景让学生形成视觉上的感受，连开小差的同学的注意力也集中到了课堂的学习中。学生的兴趣被充分激发了，有的同学甚至情不自禁拍手赞叹："哇！这里的景色好美啊！"

大部分学生都未曾去过小兴安岭，课前的图片激发了学生的学习兴趣，让学生对于所学课文充满了期待。课中的视频，又一次吸引了学生的注意力，更让学生真切地感受到了小兴安岭的美，增强了对课文学习的兴趣。然后，教师对照这些生活素材进行课文的讲解。如此一来，学生就能对书本上的文字有直观的认识和理解，从而进一步感受到小兴安岭的迷人之处，更能借助朗读表达自身对课文的理解。

（二）以生活情境增强体验

在统编版语文四年级上册《观潮》一课的教学中，为了让学生更好地进入文本情境学习课文，我设计了"小记者闯关"环节，让学生以小记者的身份展开学习。第一关是：读课文第1、2自然段，借助新闻信息采集表（见表2-3-1）的提示，介绍一下钱塘江潮来前的景象。

表2-3-1 《观潮》新闻信息采集表

新闻信息采集表	
观潮时间：	
观潮地点：	
江面情形：	
观潮者心情：	
	小记者：×××

第二关是：同桌互读第3、4自然段，借助提示，向大家说说潮来时的景象。提示内容如下：

我是记者＿＿＿＿＿＿。现在，我来报道钱塘江涨潮时的景象。潮来了！只见＿＿＿＿＿＿＿＿＿＿。再近些，只见＿＿＿＿＿＿＿＿＿＿。浪潮越来越近，＿＿＿＿＿＿＿＿＿＿。

整堂课中，学生都是以小记者的身份开展学习活动，创设这样的情境，一方面增添了课堂趣味性，充分调动了学生的学习积极性，另一方面还增强了学生的体验感，使学生置身情境之中。当学生以小记者的身份播报潮来前、潮来时的景象时，状态更投入，语言表达更生动，仿佛真的亲眼见到潮水一般。学生的表达反映了自身的思维水平，生动、流利的表达说明学生对文本的理解很到位，段落的背诵也就更容易了。

（三）以生活场景加深理解

在学习统编版语文二年级下册《找春天》这篇课文时，恰好是春天。在初读课文之后，我利用午休时间，带学生去校园里仔细地找了找春天。置身于春暖花开的环境中，学生兴致盎然。在找春天的过程中，我又请学生将所见所感和课文中的内容作对比，看看自己找到的春天和作者写的有什么相似之处，又有什么不同之处，同时思考：作者为什么会将小草、野花、嫩芽和小溪比作眉毛、眼睛、音符和琴声？学生边找、边想、边讨论，很快就找到了答案。回到课堂上，我再引导学生仿照课文，用拟人或比喻的手法说说自己找到的春天。亲身经历后，学生的答案令人耳目一新，有的甚至比作者观察得更加仔细，还说了许多课文中没有提到的内容。

我引导学生通过找一找、比一比、想一想、说一说的方法，发现春天的美，感受春天的美，进一步理解课文内容，体会作者表达的妙处。学生在找春天的过程中感受到学习的乐趣，在理解了作者将小草、野花、嫩芽和小溪比作眉毛、眼睛、音符和琴声的原因后，自己仿照课文说说春天的景象时，也说得更贴切、更生动了。可见，运用生活场景加深学生对课文内容的理解，是十分重要的教学策略。

教师以生活资源激发学生的学习兴趣，又以生活情境增强学生的体验，最后以生活场景加深学生对课文的理解，切实帮助学生提高了学习效率。

四、研究结论

课堂的实践与研究证明了生活资源在阅读教学中的应用，能够使学生兴趣更浓厚、体验更深入、文本理解更透彻，进一步提高课堂效率。

通过对生活资源在阅读教学中的应用的有关研究，我得出了以下结论：

1. 生活资源应用于阅读教学，使阅读学习更添趣味性

视频、图片等生活资源给学生视觉上的直观感受，充分激发了学生的学习兴趣，使学生的阅读学习投入度和积极性更高。学生在乐趣中展开学习，又在学习中体会乐趣。

2. 生活资源应用于阅读教学，使学生体验感更强

在课堂中一些生活情境可以给予学生更好的体验感。这份体验感让学生身临其境，投入度更高，表达更流畅，更能帮助学生厘清文本中部分重点内容所表达的含义。

3. 生活资源应用于阅读教学，使学生对文本的理解更深入

生活资源的应用，改变了传统语文课堂的教学模式，学生不是单纯通过朗读理解文本，而是将生活场景与课文内容对比，加深了理解，提升了阅读能力，进而提高了小

学语文课堂中阅读教学的有效性。

　　教师在利用生活化资源前,应先对教材进行深入、细致的研究,将其中的生活因素挖掘出来,这样才能更好地为学生构建生活与阅读学习之间的桥梁,激发学生的学习兴趣,提高学生的课堂学习效率。在创设生活化情境的过程中,教师应对学生的生活实际进行全面了解,以便创设出适应教材内容又能让学生主动参与的情境。

（撰稿人:邓思烨）

第三章 本体性资源：点燃学习的内在火焰

　　本体性资源是来自学习者内部的动力资源。课堂教学必须尊重学生的学习本能，遵循学生的学习规律，从其本能的发展需要出发，为其提供必要的学习材料，以激发其内在的学习动机，点燃学生学习的内在火焰。巧用本体性资源，构建以学生为中心的课堂，充分调动学生学习的积极性，为其自主学习提供内在支持，是课堂教学资源设计与学习方式变革的重要维度。

- 第一节　微视频与主体学习
- 第二节　导学单与情境学习
- 第三节　学习单与合作学习

本体论就是回答教育是什么,或是教育起源与发生的问题。[1] 对于教育本体的认识,需要从学习的内涵来考虑。所谓学习,是"学习者因经验而引起的行为、能力和心理倾向的比较持久的变化"。[2] 从该定义可以看出,学习的主体是学习者,对我们来说就是学生;学习发生的前提条件是学生的已有经验;学习的结果是引起行为、能力和心理倾向的变化。这种变化是学习者主动将外在知识与其内在的知识、经验结构建立联系,并引起已有知识、经验结构发生变化的过程。在这个过程中,学习者不管基于什么原因,在其内心深处可能藏着一定的学习欲望或学习动机,这时他会积极尝试理解所呈现的材料内容。这个源自内心的学习过程本身体现的就是生命的本质,是生命发展内在的需求。满足这种发展需求,不仅取决于所呈现的材料内容,更依赖于学习者对学习材料的主动加工。因此,我们认为,教育的真正本体就是儿童的学习本能。[3]

既然教育的本体是儿童的学习本能,我们的教育活动就应该尊重学生的学习本能,遵循学生的学习规律,从其本能的发展需要出发,为其提供必要的学习材料,激发其内在的学习动机,点燃学生学习的内在火焰。以学生的学习作为教育的本体,就需要构建以学生为中心的课堂,充分调动学生学习的积极性。在这样的课堂中,学生需要进行自主学习,需要结合自己的兴趣,以适合自己的学习方法去积极参与课堂活动,去体验、经历学习的过程。教师要为学生提供可以自主学习的材料,比如导学单、学习

---

[1] 杨志成.核心素养的教育本体论归因[N].中国教育报,2017-04-05.
[2] 施良方.学习论[M].北京:人民教育出版社,2001.
[3] 杨志成.核心素养的教育本体论归因[N].中国教育报,2017-04-05.

单、微课资源等。我们可以把这类资源归结为本体性资源,目的在于为学生的自主学习提供支持。有了这些资源,学生的学习才有了材料的支撑,学生才可以选择适合自己的学习方式与方法开展学习,进而促进知识的内化与技能的提升。

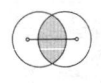

第一节

微视频与主体学习

随着"微"时代的来临,微视频资源作为一种新的信息载体出现在小学数学课堂中。所谓微视频,目前学术界对这一概念尚未形成统一的界定。在百度百科上微视频的定义是:"微视频(又称视频分享类短片)是指个体通过 PC、手机、摄像头、DV、DC、MP4 等多种视频终端摄录、上传互联网进而播放共享的短则 30 秒,长的一般在 20 分钟左右,内容广泛,视频形态多样,涵盖小电影、纪录短片、DV 短片、视频剪辑、广告片段等的视频短片的统称。"

现代教育教学离不开互联网的支持,将微视频这一学习资源引入小学数学课堂中并成为新的教学资源,可促进学生的学习方式由被动化主动,凸显学生的主体地位。

一、理论与依据

小学阶段的儿童年龄一般在 7—12 岁,根据皮亚杰的"儿童心理发展论",这时期的儿童处于"具体运算阶段",思维一般离不开具体事物的支持,也就是思维以具体形象为主。微视频帮助教师以直观的视频教学形式来开展教学,可以使得抽象的知识形象化,激发学生的学习兴趣,丰富教学内容和形式,改变学生的学习方式,提升学生的学习效率。微视频资源运用于小学数学课堂恰好符合小学生的年龄特点和身心发展规律。

《中共中央国务院关于深化教育教学改革全面提高义务教育质量的意见》明确指出："促进信息技术与教育教学融合应用。推进'教育＋互联网'发展，按照服务教师教学、服务学生学习、服务学校管理的要求，建立覆盖义务教育各年级各学科的数字教育资源体系。加快数字校园建设，积极探索基于互联网的教学。"从文件中我们可以清楚地看到信息技术在教育教学中的重要性。微视频资源已成为当代教育技术的前沿，这无疑丰富了教学资源。微视频资源与文本、图像、动画和其他媒体进行充分结合，使教学内容与教学方法能更好地呈现，是一种新的教学媒体形式。

《义务教育数学课程标准(2011年版)》指出："要充分考虑信息技术对数学学习内容和方式的影响，开发并向学生提供丰富的学习资源，把现代信息技术作为学生学习数学和解决问题的有力工具，有效地改进教与学的方式，使学生乐意并有可能投入到现实的、探索性的数学活动中去。"这就需要我们教师把信息技术有效地与小学数学教学进行融合，利用微视频资源引导学生进行思考、探究、实践，以此不断提高学生发现问题、提出问题、分析问题和解决问题的能力。

二、操作与方法

根据小学阶段学生的年龄特点和认知发展规律，把微视频资源与日常的数学教学相结合，可分别将微视频引入课前、课中、课后的学习中，使学生在轻松愉悦的氛围中主动掌握知识，学习技能方法，提高数学素养。

（一）微视频前置，自主学习

教师针对教学内容，根据教材分析和学情分析制定微视频的内容设计，并在网络学习平台上发布课前微视频资源，对学生布置学习任务。学生在家可以提前通过网络学习平台观看课前微视频。在观看过程中，学生根据布置的学习任务自主学习新知，完成相应的任务单，并将不理解的知识点进行记录，以便在后续的学习中重点解决。学生通过这样的学习方式实现对旧知的巩固和对新知的课前预习，自主学习能力在潜移默化中不断提高。

教师可根据学生完成学习任务单的情况，了解学生对新知的掌握程度，及时调整修改教学设计,有针对性地重点讲解,从而缩短课堂讲授内容的时间,提高教学效率。

(二) 微视频导入,突破难点

教学的重、难点是小学数学教学的主要内容,同时也是课堂讲解的关键。由于小学生的思维发展特点,学生往往在理解方面存在一定的局限性,最终导致他们对知识重、难点的掌握不扎实,学习质量不高。而微视频在课堂中的应用无疑攻破了这一难题,微视频的细致讲解可以对某个知识重点进行动画形式的剖析与演示,从而更为形象直观地分解知识重点,帮助学生理解其内涵。此外,微视频技术可以不断地重复播放,学生可以依据自己对知识点的掌握情况选择多次重复观看,直至彻底弄懂知识难点。[1]

(三) 微视频深化,方法点拨

运用微视频对难题进行方法点拨,不仅对学生思维能力的培养有很大的帮助,同时也节约了课堂时间。特别是对于几何教学而言,几何是小学数学教学的重要内容之一,强调培养学生的空间思维能力。但小学生的空间思维能力有限,必须依赖于直观的认识。因此,可以采用问题式导学微视频,引导学生通过问题自己探索,而不是教师直接告诉他们结果。学生根据一步步的方法引导解决问题,能更深入地理解并掌握知识。

(四) 微视频延伸,巩固提升

课堂的时间毕竟是有限的,课上教师不可能做到面面俱到,特别是对一些知识点的拓展延伸,这时引入课后微视频资源是非常有必要的。课后微视频主要用于呈现课堂教学的巩固练习、延伸拓展、总结知识点等。教师应根据学生课中的学习情况,有针对性地设计分层练习,供学生课后学习,学生可以结合自身个性化需求选择性观看。课后微视频帮助学生在巩固知识点的同时拓展思维,培养学生的高阶思维能力。

---

[1] 周奋东.微视频与小学数学教学融合价值及运用策略探讨[J].华夏教师,2020(6).

三、案例与研究

微视频资源在小学数学教学中的应用,改变了常态下课堂单一的授课方式,使得学生能够自主学习,提升数学思维能力和解决问题的能力,构建多元化的学习共同体。下面以九年义务教育沪教版小学数学三年级下册"周长"为课例阐述具体操作。

(一)自主学习,预习新知

"周长"这节课的教学内容是将概念、测量与计算三者相结合来研究空间与图形。在学生已经初步认识图形的基础上,教师可联系一些常见的物体和图形进行教学。三年级学生对生活中的一些不规则实物和平面图形并不陌生,但他们可能对周长的概念较为模糊,认识还只是停留于凭借生活经验产生的感性认识。

因此,根据学生现状,注重学生已有的生活经验,我设计了用毛毛虫爬树叶一周的微视频来引出周长的概念,让学生认识到绕平面图形一周的长度就是周长。

我采用微视频前置的方式,让学生在课前通过微视频进行预习,初步理解周长的概念,再配合自主学习任务单(如图3-1-1所示)进行预习检测。自主学习任务单包括学习指南、学习目标、学习任务等几部分。其中,学习任务是任务单的主体部分,我针对本课的学习目标设计了两个学习任务。学生在学习完微视频之后,需完成描边线和判断两个练习,这主要考察学生对周长概念的理解程度,同时让教师及时了解学生对知识的掌握情况。这样的学习方式充分体现了学生学习的主体地位,有助于培养学生的自主学习能力。

(二)巧用微视频,突破重难点

根据学生课前完成的学习任务单的情况,我发现学生对于周长概念的掌握并不理想,特别是任务单的第2大题判断题的正确率较低。收集学生课前观看微视频学习资源生成的问题,我适当调整教学设计方案,并在课中播放讲解第2大题的微视频,帮助学生加强理解周长的概念。微视频中用动画分别演示每个图形的周长,详细讲解了判断题中图(2)、图(4)红色部分不是这个图形周长的原因,并指出正确的周长。对于判断题中的图(3),利用动画演示图(3)的周长以及面积,帮助学生辨析周长和面积的概

班级_____ 姓名_____ 学号_____
一、学习指南
1. 课题名称
九年义务教育沪教版小学数学三年级下册"周长"
2. 学习目标：通过观看课前微课视频
完成任务一：看懂微课视频内容，理解周长的概念。
完成任务二：观看微课视频后，完成"预习检测"题。
二、学习任务
1. 动手描一描下列图形的边线，并说说什么叫作周长。 枫叶　　　　荷叶　　　　白玉兰 花圃　　　　沙坑
2. 判断：红色部分是这个图形的周长吗？ (1)　　　　　　　(2) （　）　　　　　（　） (3)　　　　　　　(4) （　）　　　　　（　）

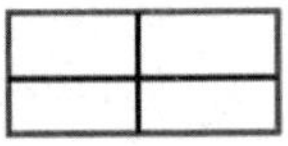

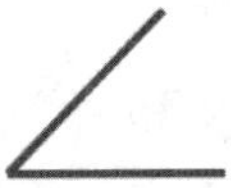

图 3-1-1 "周长"自主学习任务单

念,使学生进一步理解周长是绕平面图形一周的长度。以微视频动态演示的方式向学生进行展示,帮助学生突破重、难点,提升教学质量。

(三) 问题式导学,指导解题思路

在小组合作环节中,小组四人需要合作计算一些平面图形的周长(如图3-1-2所示)。由于学生是第一次计算平面图形的周长,并且图中已知数据少,图形比较多,要快速计算出每个图形的周长需要一些解题策略。于是,我在讲清楚合作要求后,播放问题式导学微视频,以问题引领指导学生解题思路。问题1:计算平面图形的周长,需要知道哪些条件呢?问题2:根据图形的特征,要求这些图形的周长,你需要知道每个图形哪几条边的长度?问题3:根据图形边的特征,哪些图形的周长计算可以更加简便呢?(动画演示:正三角形三条边相等、长方形对边相等、正方形四条边相等、正六边形六条边都相等)

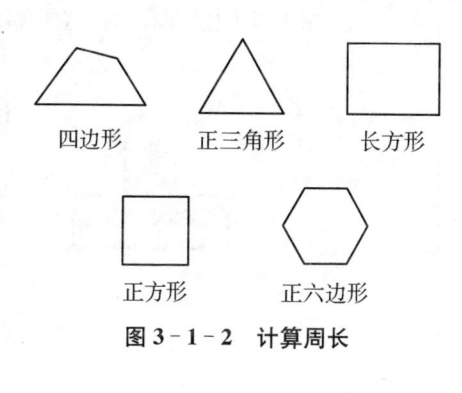

图3-1-2 计算周长

以上三个问题的引导为学生指明了解题思路,明确了解题方向,再放手让学生自主探究,解决问题。这样的学习过程激发了学生的求知欲望,培养了学生的思维能力和解决问题的能力。

(四) 巩固知识,拓展延伸

分层的练习能促进学生内化知识,运用知识。为此,根据学生在课中的学习情况,满足不同学生的学习需要,我在课后设计了三组不同的练习(巩固练习、实际运用、拓展提高),并制作成课后微视频。"巩固练习"通过各种图形的周长比较,让学生直观地感受到图形的周长和图形的面积无关,只和组成图形的边长有关,帮助学生进一步巩固深化周长的概念。"实际运用"将所学知识服务于生活,要求学生能根据实际情况灵活应用所学知识。"拓展提高"是三组练习中所需思维程度最高的,因此讲解更为详细,指引学生解题思路,为学生的个性化学习打开一扇明亮的窗户。

附:练习题

1. 巩固练习:选一选

(1) 用 4 个边长 1 厘米的长方形拼成如图 3-1-3 所示的图形,(　　)周长最短。

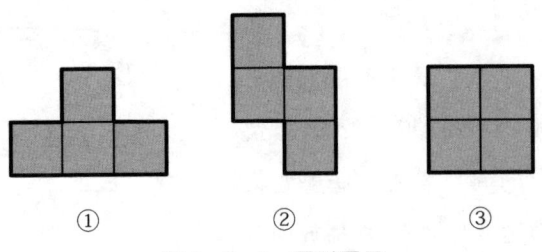

① ② ③

图 3-1-3　图形展示

(2) 把长方形分成甲、乙两个部分,比较它们的周长,(　　)。

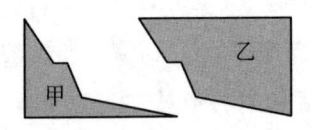

①甲图形周长长。
②乙图形周长长。
③一样长。

图 3-1-4　比较周长

2. 实际运用

争护绿章:为两个花坛分别制作一个护栏。

要求:计算两个花坛分别长多少米。

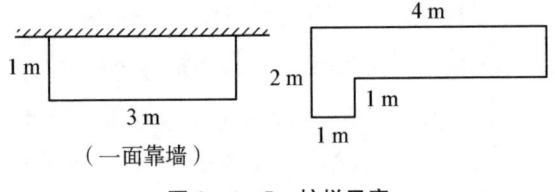

（一面靠墙）

图 3-1-5　护栏示意

3. 拓展延伸

思考:正方形被沿线剪开后,和原来的正方形周长相比,有何变化?

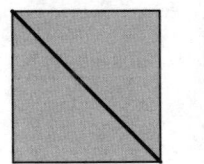

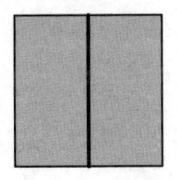

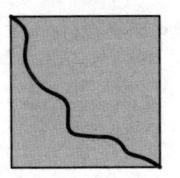

图 3-1-6 周长比较

四、研究结论

通过课例的研究与实践,将微视频资源引入小学数学教学中,改变了单一"师授生听"的教学方式,为学生的自主学习提供了个性化的需求和选择,变革了主体学习方式,提高了学生的自主学习能力。

1. 微视频资源可以成为学生学习的好帮手

微视频资源的引入促进了小学数学教学形式的多元化,激发了学生的学习欲望,拓宽了学生学习知识的渠道,有助于学生对知识的理解,提高了学生的学习效率。能反复观看的微视频资源可以帮助学生进行课前预习,理解知识重、难点,对知识点进行复习巩固以及拓展延伸;在一定程度上提升学生数学思维能力和自主学习能力,学生的数学核心素养就是在这样的潜移默化中不断提高的。

2. 微视频资源大大提高了教学资源的利用率

在传统教学过程中,教师需要耗费大量的教学时间强调知识重、难点。如今,教师可将教学重、难点和解题过程制作成微视频,供学生在课下反复学习,加深了学生对数学知识的理解。同时,减轻了教师教学的压力,避免教师花费大量时间反复强调知识点。[1]

---

[1] 靳玉祥.关于微视频在小学数学教学中的运用[J].学周刊,2019(24).

当然，微视频资源的内容要合理、贴近学生的生活实际。有些无关教学内容的情景创设要避免出现，以免微视频时间过长，无法确保微视频的质量。同时，制作一个精良的微视频需要花费过长的时间，教师不可能每节课都制作微视频，如何才能有效快速地开发出高质量的微视频资源值得进一步研究。

（撰稿人：张逸菁）

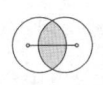

第二节

导学单与情境学习

　　导学单,是课前教师围绕教学内容和目标精心设计的以学生为主体的课堂学习方案。就语文学科来说,导学单的内容呈现可以从多个方面入手,如字词的罗列和自学;围绕课文内容的探究任务;围绕课文结构的探索发现;围绕核心目标的实践操练;课外拓展的相关内容等。情境学习方式则是通过活动交流和知识建构,让学生获得丰富的学习体验,进一步提升学习内涵,培养学生自主学习的能力。[1]

一、理论与依据

(一) 理论基础

　　教师可以导学单资源为依托,根据不同课型合理设计导学单,引导学生进行自主学习和合作学习,提供学生学习方法的指导。[2]

　　"情境学习理论认为,学习不仅仅是一个个体性的意义建构的心理过程,而更是一个社会性的、实践性的、以差异资源为中介的参与过程。学习情境的创设就致力于将学习者的身份和角色意识、完整的生活经验,以及认知性任务重新回归到真实的、融合

---

[1] 薛素莉. 巧谈小学语文"导学单"的设计与运用——以统编版三年级为例[J]. 速读旬刊,2019(2).
[2] 同上注。

的状态,由此力图解决传统学校学习的去自我、去情境的顽疾。"①由此可见情境学习理论是十分注重合作学习的。"知识的意义是人与人协调后产生的结果,在情境学习中,学习知识技能的获得,必须通过群体才能得以实现。通过专家、同伴间的互动,获取到真实情境中产生的知识。表现在真实的教学课堂中,就是师生互动和生生互动。"②

(二) 研究依据

《义务教育语文课程标准(2011年版)》指出:"学生是学习的主体。语文课程必须根据学生身心发展和语文学习的特点,爱护学生的好奇心、求知欲,鼓励自主阅读、自由表达,充分激发他们的问题意识和进取精神,关注个体差异和不同的学习需求,积极倡导自主、合作、探究的学习方式。教学内容的确定,教学方法的选择,评价方式的设计,都应有助于这种学习方式的形成。语文学习应注重听说读写的相互联系,注重语文与生活的结合,注重知识与能力、过程与方法、情感态度与价值观的整体发展。综合性学习既符合语文教育的传统,又具有现代社会的学习特征,有利于学生在感兴趣的自主活动中全面提高语文素养,有利于培养学生主动探究、团结合作、勇于创新的精神,应该积极提倡。"

在以往的教育教学中,教师在课堂上一直扮演着主体角色,学生则是知识的被动接受者。这种课堂教学模式是扁平化的,氛围是单调而乏味的。因此,教师要走出传统教育模式的桎梏,将知识的学习寓于情感的交流之中,通过小组合作、多媒体、师生互动等多种途径让课堂"活"起来,真正落实学生的主体地位。

二、操作与方法

导学单资源的利用应当从课前导学、课中导思、课后导练和评价激励等几个方面进行操作。

(一) 课前导学,自主预习

课前导学单是教师提前下发给学生,让学生通过读书预习来自主学习的一个方

---

① 张月.浅谈情境学习理论及其对中小学课堂教学的启示[J].课程教育研究,2014(7).
② 同上注。

式。在设计导学单时要注意新旧知识的衔接、重点字词的罗列，引导学生初步理清课文内容，让学生在课前导学的过程中逐步掌握课前学习的方法，从而养成良好的自主学习习惯，也为课堂教学提供有效的辅助。

(二) 课中导思，启发思维

课中导思的目的在于启发学生的思维，帮助学生理解课文的重、难点，从而进行有针对性的教学。教师在设计导学单时可以围绕课文结构、内容等设计合作探究，围绕核心目标设计实践操练，以填空或者表格形式为主，创设情境，从而降低学习难度，让学生的学习成果展示更加直观和立体。

(三) 课后导练，迁移运用

语文的自主学习是学生自我能力开发、个性化发展的一种行为，教师的分析、理解、引导只是辅助，不能代替学生的自主学习，因此教师在设计导学单时要充分利用文本对知识进行迁移和运用，注重听说读写的相互联系，注重语文与生活的结合，让学生在综合实践中提高语文素养。

(四) 评价激励，以评促学

导学单的设计也要注重评价。师生共同进行评价操作，教师在熟悉评价标准的同时帮助学生达成语言表达的学习目标，激发学生的学习兴趣。

三、案例与研究

统编版语文四年级上册第五单元设置了《麻雀》和《爬天都峰》两篇精读课文，教师可以利用课文进行写作方法的对比。两者对比阅读不仅帮助学生复习旧知，还为课堂教学提供了很好的辅助。此环节的设计结合导学单可以作为课前导学的内容，让学生通过预习，结合上篇课文的内容进行概括，为梳理新课的写作顺序做铺垫。

《麻雀》这篇课文的作者是按照起因、经过、结果的顺序把看到的、听到的、想到的都写了下来，活灵活现地展现了麻雀和猎狗相遇时的情形。

结合《爬天都峰》这篇课文，自然地过渡到本节课的重点：梳理作者的写作顺序。教师先是引导学生在阅读中找到关键词来了解爬山前的内容；然后小组合作学习，教师引导学生结合板贴说说课文按"爬山前、爬山中、爬上顶峰后"的顺序分别写了什么（如表3-2-1所示），这个环节可以通过表格的形式给学生的小组合作一个支架，直观地展示小组合作学习的成果，不仅降低了学习难度，使课文内容更加清晰，也关注了学生的学习经历，让学生在自主合作学习的过程中锻炼了概括和表达能力，学习了作者是按照一定顺序将事情写清楚的。

表3-2-1　《爬天都峰》课堂导学单

写作顺序	主要内容
爬山前	
爬山中	
爬上顶峰后	

在课后作业的布置上，结合配套练习册的题目，让学生在课后将课堂上学到的作者的写作方法进行运用，按照一定的顺序将爬山中的感受写清楚。按照什么顺序则由学生自己思考，比如可以按照爬山时间推移的顺序，也可以按照爬山地点变换的顺序，等等。此环节可以放置在课后导学单中，让学生的表达能力得到锻炼。

教师在利用导学单时也要注意慢慢提升导学单的难度，在结合本课内容的同时还可以针对习作单元的特点进行写作知识的迁移和运用，为后面的习作做铺垫。可以让学生结合生活体验，观察家人炒菜、擦玻璃或者做其他家务的过程，用一段话按先后顺序并用上合适的动词把做家务的过程写清楚。在完成课后小练笔后可以同桌交换，相互读一读，用红笔圈出片段中表示动作的词语，给出相应的评价，以评促学，如表3-2-2所示。

表3-2-2　拔节卡

评价标准	同桌评价	教师评价
1. 我把字写得既端正又美观。		
2. 我的语句通顺，没有错别字。		
3. 我按照顺序把事情写清楚了。		

四、研究结论

此次研究明确了导学单能优化学习路径,因此,导学单创设立体化情境学习的方式在小学语文教学中具有积极的实践意义。

(1)导学单的设计使教师从传统的教学模式中跳出来,而立体化情境学习的方式则真正做到了以人为本,以学生为主体。

(2)导学单在引导学生学习上扮演着十分重要的角色,能够关注学生个体差异和不同的学习需求,帮助学生合作学习。

(3)导学单有利于学生在感兴趣的自主活动中全面提升语文素养,有利于培养学生主动探究、勇于创新的精神。

此次研究注意到了以下几点。一是设计导学单要有整体意识。教师需将单一的知识点整合到知识系统里,站在整体的角度去串联知识点,让学生能更加清晰地理解文章的结构和内容,将预设的问题系统化、模块化。二是设计导学单要注意循序渐进。教师要注意慢慢提升导学单的难度,使学生在不同时期根据相应的目标解决问题,教师也要给予学生引导和鼓励。三是设计导学单要注重实践性。学生可以从他们自己的生活中选择感兴趣的问题作为研究学习的对象进行综合实践活动,有选择地、有目标地去探究。

真正高效的语文课堂应当是多元化、立体化、情境化、富有生命力的,让每一位学生真正地在自主学习的过程中有所得、会运用。

(撰稿人:周萍)

附：语文四年级上册《爬天都峰》导学单

爬天都峰　导学单

1. 课前导

《麻雀》这篇课文作者是按照（　　　　　）的顺序把（　　）、（　　）、（　　）都写了下来，活灵活现地展现了麻雀和猎狗相遇时的情形。

2. 课中学

写作顺序	主要内容
爬山前	
爬山中	
爬上顶峰后	

3. 课后练

a. 我和爷爷沿着山路往回走，一路上遇到了许多游人。有的望着险峻的天都峰退缩了，有的人在曲折的山路上犹豫不前，有的人看到曲折的道路不知该如何前进……

展开想象："我"和老爷爷会怎样向游人讲述爬天都峰的感受？请按照顺序把感受写清楚。（50字左右）

b. 观察家人炒菜、擦玻璃或者做其他家务的过程，用一段话按先后顺序并用上合适的动词把做家务的过程写清楚。（100字左右）

(1) 读：同桌交换，相互读一读。

(2) 圈：用红笔圈出片段中表示动作的词语。

(3) 评：画星星，给评价。

拔节卡

评价标准	同桌评价	教师评价
1. 我把字写得既端正又美观。		
2. 我的语句通顺，没有错别字。		
3. 我按照顺序把事情写清楚了。		

第三节

学习单与合作学习

学习单是一线教师课堂教学中常用的学习资源,是由教师设计用来引导学生在课前或课中探究学习的工具。学习单就是检验单,其一方面搭建支架,是促进学生深入思考的有效载体;另一方面,也是师生互动、生生互动的重要依据。合作学习是小学信息技术学科中学生学习活动的常用方法,也是学生思维碰撞的有效手段。学习单的使用让合作学习的成果有根可寻,让学生之间的合作真实发生,让小组间的默契持续升温。

一、理论与依据

(一) 理论基础

活动学习理论孕育于维果斯基的社会文化历史理论,把人的发展基础确定在主体对客体的主动实践活动上,认为"活动"和"社会交往"在人的高级心理机能发展中具有重要作用。学习是活动理论的主要研究对象,活动理论认为,学习活动并不是孤立存在的,而是在社会文化情境中,以隐性或显性的活动规则为基础,应用多样化的学习工具,与群体进行交互,对客体进行加工以及改造的一个过程。[1]

---

[1] 毛刚,刘清堂,吴林静. 基于活动理论的小组协作学习分析模型与应用[J]. 现代远程教育研究,2016(3).

(二) 研究依据

江苏省《义务教育阶段信息技术课程指导纲要》指出，应让学生感受信息的有用性，初步形成主动获取信息、积极参与信息活动、清晰表达自己的观点以及在合作活动中发挥自己能动性的意识和态度。

"中国学生发展核心素养"指出了学生应具备的适应终身发展和社会发展需要的正确的价值观、必备品格和关键能力，这是一种培养人的新目标。高中信息技术课程标准提出四大核心素养，即"信息意识、计算思维、数字化学习与创新、信息社会责任"，要求学生在获得信息技术知识的同时，具备当代社会发展的信息素养和综合能力。

小学信息技术学科是一门综合实践课程，其操作性强、课堂互动多，以完成数字化作品或小任务为学习内容。合理的学习单的规划与使用能改进教师的教学方式与学生的学习方式，提升技术应用、促进能力发展，培养能够应用信息技术解决生活问题的新时代人才。而活动理论为学生的合作学习活动过程的分析与评价提供了全新的理论视角，引导学生将知识与生活链接，在与同伴的思维碰撞中挖掘自身的价值，这也是我们学科的出发点和归宿。

二、操作与方法

新课改明确了学生的主体地位，所以在小学信息技术学科教学中，教师要转变方式，构建新的师生关系，鼓励学生在合作中学习，在自主探究中获得知识、解决问题，提升信息素养。教师尝试学生合作学习方式的转变可通过课堂学习单的设计来实现，学习单承担促进学生有效学习、拓展其综合能力、发展其核心素养的使命。

1. 设计真实学习情境

教师要以真实情境激发学生综合运用学科大概念解决问题的多种能力的发展，而这里的问题是指从真实情境中产生的真实问题。小学信息技术教学活动依赖于一定的教学情境而展开，而真实的教学情境的设计对于学生的学习至关重要。教学心理学研究表明，只有学生感兴趣的、真实发生的事情，才能激起其内在动力和自主的认知，提高其主动性和能动性。

2. 搭建实践操作支架

信息技术课程的核心素养之一是"数字化学习与创新",对于小学生来说,也就是能够利用简单的数字化工具来完成作品的设计与创作。信息技术融知识性、技术性和工具性于一体,在教学过程中要求学生多动手实践,每节课都有对应一定难度系数的技能操作要求。而技能的掌握,可以以学习单的形式呈现,为学生搭建支架,使学生在合作学习中产生思维碰撞并主动表达自己、共同完成任务,不断提升学生的社会交往能力及解决问题的能力。

3. 分解学习活动内容

教育信息化从融合应用向创新发展演进,全面提升师生的信息素养,对于教师来说,学习单并不是简单的任务单和检测单,而是基于知识的梳理而呈现的一个工具,为学生分层学习提供支架,为合作学习提供技术支撑,有时也是学生课堂学习的"参考书",为任务驱动性的教学提供保障。三年级的学生,认知水平还不成熟,需要在外界的肯定中不断提升自我,学习单中分解的小任务让问题简单化,让学生学习有方向、有信心。

三、案例与研究

结合以上三种方法,教师尝试在学习单设计方面下功夫,变革学生合作学习方式,提升信息技术的课堂品质。下面以中国地图出版社的教材的教学内容为例进行阐述。

1. 以真实情境促真实学习

在"使用搜索引擎"一课中,教学设计是这样的:虽然我国的疫情得到控制,但原来学生可以进行的出境游、跨省游都基本按下"暂停键",数字经济时代和大众旅游时代的叠加、碰撞,使"云旅游"成为替代性的出游方式,以"云赏好风光"为单元学习情境,开启学习之旅。这顺应了十九大提出的"绿水青山就是金山银山",在"云旅游"的同时也保护了我们的环境。

课堂从一组疫情数据出发,一起在云端"游"首都——北京。首先,以网上搜索"首都博物馆"为问题导向,明确本课学习使用搜索引擎。随后,学生浏览中国现存规模最大、最完整的古建筑群故宫等著名景点。在此过程中,学生学会关键字的设定及信息的筛选,并在小组的通力合作下,一起领略中华民族的底蕴之美、生态之美和静谧之美。教师介绍"故宫全景""数字敦煌"等数字化产品,让学生感受到随着数字科技的发展,创新的技术手段能让中华文化遗产久远长存、永续利用,从而领略科技创新的力量。学习单的设计如图 3-3-1 所示。

使用搜索引擎学习单

班级:_____ 姓名:_____ 座位号:_____

一、同桌两人讨论,选择一个主题,将序号填写在下面的括号中,并根据所选主题确定关键字进行搜索

主题1:北京故宫的详细地址

主题2:北京圆明园相关图片

主题3:北京天安门是谁设计的

我们小组选择的是主题(　　)

我们曾经使用过的关键字是:_____

二、小组讨论,选择一个北京景点浏览,填写搜索的关键字

我们小组浏览的景点是_____

使用的关键字是:_____

图 3-3-1　"使用搜索引擎"学习单

设计意图:开启云端旅行,本身就是"绿色出行",以首都北京作为云端旅游的目的地,对学生来说也是一个红色之旅,在"云游"首都博物馆、故宫等著名景点时,感受其恢宏的气势和深厚的内涵。教师介绍百度是中国人自己研发的,让学生感受到中国技术的强大,中国科技发展的迅速。爱国主义始终是激昂的主旋律,十九大精神真实走进了

课堂。以实际的生活为情境,随着数字技术的发展,我们迎来了新的出行方式,设计这样一个主题,让学生可以游览风景。这一切都离不开党的领导、科技的发展和全国人民的奋斗,作为小学生,在这样的美好生活中,幸福感、使命感潜移默化地落地生根。

2. 用实践任务促高效合作

以"编辑感谢信"一课为例,本课是为感谢信美化格式,顾名思义就是修正文章排版、字体大小与颜色等问题。教学目标是:认识段落及字体对话框,并能运用对话框设置文档段落及字体格式,能够识别工具栏中的命令按钮。不同选项卡的学习成为学生的难点。

本节课动手操作性强,对学生技能要求高。在设计学习任务时,教师将学习资源用文本的形式呈现在学习单中,有课本中的文字,也有提供的微视频课件。小学三年级的学生,有对文字敏感的,也有对声音敏感的,学生根据自身及小组特点,按需选择进行探究学习。而这样一个看似"难"的学习任务,通过学习单的精巧设计、学习支架的提供、学生之间的合作,顿时变得轻松许多,学习单的设计如图3-3-2所示。

学习单

姓名:_____ _____

研究目标_____

目标一	感谢信的段落格式设置		
	要求	技能	学习资源
标题		☐左对齐 ☐居中 ☐右对齐 ☐首行缩进	➤ 参考书本P99
称呼		☐左对齐 ☐居中 ☐右对齐 ☐首行缩进	➤ 参考学习资源中的"对齐方式"操作方法
落款		☐左对齐 ☐居中 ☐右对齐 ☐首行缩进	
正文		☐左对齐 ☐居中 ☐右对齐 ☐首行缩进	➤ 参考书本P98 ➤ 参考学习资源中的"首行缩进"操作方法

目标二	感谢信的字体格式设置		
	要求	技能	学习资源
标题		☐字号 ☐字体 ☐颜色 ☐加粗	➢ 参考书本 　P102 ➢ 参考学习资 　源中的"文字 　效果"
称呼		☐字号 ☐字体 ☐颜色 ☐加粗	
落款		☐字号 ☐字体 ☐颜色 ☐加粗	
正文		☐字号 ☐字体 ☐颜色 ☐加粗	

图 3-3-2 "编辑感谢信"学习单

设计意图：从学习单中不难发现，学生对于技术的探讨是有选择性的，而且，我们给学生提供了足够的技术支撑，可以参考课本或者参照学件。在日常的教学过程中，教师可以有意让学生进行这样的学习合作：一位学生先操作，另一位学生参照支架进行技术指导，之后互换角色。学生在这样一次合作中，经历了学习者和教授者两个角色，而技能的学习也经历这样两次操作，其学习效率可想而知，不仅收获了知识，还有同伴的认同和自我价值的实现。

3. 借分层设计助深入探究

学习单的分层设计为教师任务驱动教学提供便利，有利于提升学生的自主学习能力，激发学生的学习热情，同时还可提升学生的学科核心素养和综合实践能力。分层设计并不是将任务一个个零散地分开，而是有规律、有原则地递进。

在"为指路牌输入英文"一课中，通过功能键的使用来解决上海迪士尼路牌的破损问题，有大写字母、双字符键、空格键的学习，这一个个既简单又容易混淆的任务，通过学习单的精巧设计，被分解成一个个有趣的学习活动，让学生在层层关卡中学习知识。

设计意图：在任务分解时，教师遵循问题导向的原则，基于学生的认知特征，最大限度地激发每一位学生的学习动力和激情。设计的三个活动虽然看似都是解决一个问题，但是仔细推敲，之间是有联系的。不同学习层级的学生都经历一个由简到难的过程，即使是基础薄弱的学生，通过这样的流程，也能增强学习的自信心。从活动一开始的使用"大写锁定键"到活动二的增加"空格键"，再到活动三的"上档键"，每一次的学习都是在前一个学习活动的基础上增加知识点及难度，让学生在层层探究中感知学习信息技术的乐趣，

第三章 本体性资源：点燃学习的内在火焰

为指路牌输入英文

活动一：输入英文 Exit

活动二：输入英文 Main street

活动三：输入英文 Take care!

图 3-3-3 "为指路牌输入英文"学习单

在合作的过程中发现不同的键有不同的作用,带着好奇心的学习更有趣。

四、研究结论

综上所述,学习单应用于小学信息技术课堂,对于转变学生的合作学习方式,提升课堂教学来说是一个不错的选择,能为核心素养导向下教师教育教学的转变提供借鉴。

1. 以真实问题为起点,让合作真实发生

作为一线教师,要关注情境的真实性,不能凭借自己的理解和经验去盲目设计学习单,需要以学生的认知为准绳、以学生的生活为依据、以解决真实问题为目标。设计基于学生的生活经验和年龄特征以及认知水平的学习单,在深入分析学情的基础上,精心设计符合学生心理的问题,将教学内容巧妙融入现实生活实际问题的解决中,推动合作学习的真探究、真学习,让学习真实发生。

2. 以实践操作为载体,让合作高效进行

实践表明,教师应当设计一些问题情境,让学生进行动手实践,从而理解、掌握所学知识,提高操作技能水平,加强动手实践能力。而合作学习的方式也是有讲究的,不单是扔一个任务,教师需搭建平台、合理引导,让学生学会共同探究、分析问题、互帮互助,营造更加良好的学习氛围,不断优化学生合作学习的方式。

3. 以分层任务为导向,让合作思维碰撞

教师要充分考虑课程的教学目标及重、难点,不仅仅是围绕某一个学习内容而展开,需要将大任务细小化,设计成一个个操作性强、学生易于探究的小环节,使之成为师生互动、生生互动的有效载体。学习单设计的问题需具有师生有效互动交流的价值,能够引导学生解决问题,并保证有一定的探索空间,让学生在层层问题解决中产生思维碰撞,将课堂彻底还给学生,营造良好的学习探究氛围。

当然,作为一线工作者,也需要把握好这个"度",不要为了使用学习单而使用,要根据学生及课堂的实际情况,使其成为变革学生合作学习的"好帮手"。

(撰稿人:王莉莉)

第四章　具身性资源：进入身心灵一体的学习境界

具身性资源是创设学生体验性学习所需的各种情境资源，包括学生身体所处的物理、人文环境，也包括教师创设的与学习内容相关的学习情境。在教学过程中，运用具身性资源，为学生营造相对宽松的学习氛围，让学生通过亲身参与，在做中学，在体验中将身体与所学的知识、技能建立紧密的联系，激发其积极情绪，促使学生进入身心灵一体的学习境界。

- 第一节　英语动画与配音学习
- 第二节　信息技术与活动学习
- 第三节　核心问题与探究学习

具身认知理论认为"心智是具身的"。所谓"具身",是指我们对外界的认知源于我们身体的感知觉运动系统,而身体嵌入环境之中。因此,人的认知活动建立在其生理结构、感知觉运动的过程和身体与环境的相互作用上。其中,身体提供认知的内容,身体的状态和属性影响认知,认知存在于身体中,而身体又存在于环境中,三者成为统一体。[①] 根据具身认知理论,在教学过程中,教师要重视身体的重要作用,让学生通过亲身参与,在做中学,在体验中将身体与所学的知识、技能建立紧密的联系;要让学生积极参与课堂活动,调动学生的内在积极性。当学生怀着高度的热情参与活动时,才能达到身心灵一体的学习境界。

　　因此,我们需要为学生提供可以开展体验学习的情境。情境的创设需要一定的资源,就是我们所说的具身性资源。这种资源,用以创设学生学习所需的各种情境,包括学生身体所处的物理、人文环境,如课堂的环境布置、师生关系营造的课堂氛围;也包括教师创设的与学习内容相关的学习情境。我们知道,学习情境直接影响学生的学业情绪,而学业情绪直接影响学习投入。研究表明,愉快、希望、自豪等积极学业情绪能够促进学生主动寻找学习机会和资源,在学习中更加坚持和努力,进而促进学生的学习投入;而气愤、焦虑、绝望、厌倦等消极学业情绪则使学生更多地关注环境中的威胁,这会限制他们在学习活动中更好地利用认知资源和积极策略的灵活性,会阻碍学习投

---

① 刘倩.基于具身认知的高中英语知识技能分类教学设计[D].延安大学,2019.

入。① 基于此,我们要运用具身性资源为学生营造相对宽松的学习氛围,创设能够激发其积极情绪的学习情境,促使学生身心灵一体地参与各项教学活动。

---

① 吴世珍,孙百才.疫情背景下学生适应能力对学习投入的影响:学业情绪的中介效应[J].当代教育科学,2021(8).

第一节

英语动画与配音学习

英语动画片是学生在生活实际中接触到的常见资源，具有直观性、趣味性等特点，配上音效和语音说明，在声光影的作用下给学生创造出身临其境的体验。它往往讲述有趣的故事，含有情感丰富、性格特点突出的人物，其使用的英语往往用于表达特定的情感或主题，语言极为生动有趣而且具有冲击力，能体现人物色彩和故事情节冲突等，适合小学阶段的孩子进行模仿配音表演。有效利用英语动画片资源，让学生在配音学习中提升综合语言运用能力显得尤为重要。

一、理论与依据

英语动画片作为小学生喜闻乐见的一种综合艺术，广泛地出现在学生的生活与学习中。在小学英语教学中应用动画片，不但能提高儿童学习的兴趣，而且在教授语音、词汇、语篇等方面都能起到重要作用，把英语动画片用于学生配音学习有着科学的研究依据和理论基础。

（一）理论基础

小学阶段的学生，思维特征比较明显：无意注意在学习中占主导地位，由于知识水平和语言水平的限制，具体形象思维占重要地位。而且小学生主要以形象记忆为基础，实验表明儿童更容易识记一些具体直观形象的材料，所以在小学英语教学中要想方设法增强教学内容的直观性,多使用图片、影像等多感官刺激来帮助学生记忆。因而,使用英语动画片呈现教学内容,能够调动学生的多种智能参与学习;利用这一资源设计英语配音类活动,符合小学生注意力、记忆等方面的特点,能够激发他们主动学习的兴趣,使他们产生积极的内部学习动机。

建构主义学习理论是指学习者通过原有的知识经验与外界环境交互活动,以获得和建构新知识,是学习者与周围环境相互作用的过程。在此学习过程中,学生为中心,学生是主动参与者和知识建构者。[①] 英语作为一门具有人文性与工具性的学科,应该让学生在语用体验、合作参与的过程中,学会语言技能、理解语言知识、综合运用英语。而英语配音创建了真实的语境,可以给小学生提供支撑平台,让他们在与同伴合作表现人物的过程中,体会故事中的语音、语调、词汇、语篇等。教师在课堂上引入相对趋于现实和生活的场景,使得学生获得与现实世界比较接近的学习体验,充分体现英语教学的实用性和趣味性,有助于培养学生对英语知识的整体建构,提升其合作能力和思维品质。

(二) 研究依据

《义务教育英语课程标准(2011年版)》第三部分"分级标准"之"语言技能"一级标准中明确指出:"能看懂语言简单的英语动画片或程度相当的英语教学节目,课堂视听时间每学年不少于10小时(平均每周20—25分钟)。"因此,英语动画片资源的使用在小学英语阶段是非常必要的,教师应借助英语动画片给学生提供语用的机会;学生在教师的精心设计和帮助下,借助其中鲜明的人物特点和简短精准的英语对白,理解其意义并进行模仿、配音,这些教学活动有效地辅助了学生的英语学习。

《上海市小学英语学科教学基本要求(试验本)》第一单元语音部分中明确指出:"学习者可以充分利用各类语音资源,如磁带或光盘、多媒体课件、原版音像资料等,在听说实践活动中大胆模仿,才能提升自身的语音准确度。在正确模仿语音的基础上,也要辨别说话人的语气和情绪,区分交际场合,用正确的语调表情达意,才能恰当地作出应对,完成交际任务。"学生在给英语动画片人物配音的过程中,模仿精准语音,提升

[①] 陈雪,周若潇. 外语学习理论流派及其对教学设计的影响[J]. 太原城市职业技术学院学报,2017(4).

语言表达能力，同时，在与同伴合作完成配音作品时，达成交际任务，配音活动能够帮助学生有效培养学习能力，树立自信心。

二、操作与方法

在英语教学实践中，我们发现如何为儿童创设语境、采用有效的学习方式，一直是困扰教师们的问题。近年来，英语动画片在其情境性、真实性、交互性等方面的发展为创设英语语境、改变学生学习方式提供了新的思路。

（一）基于教学目标选动画，重塑人物特征

受到内外部环境的影响，小学生的实际学习能力和兴趣点不同，在英语动画片的选择中，教师要尽可能收集丰富的资源，并以教学目标为出发点，通过仔细的比较和研究，对各类动画片进行分类，选择语言地道、生动有趣、人物凸显、与教学内容相关度高的动画片，并且还要考虑其热度以及受学生欢迎的程度等因素。一般来讲，我会根据教学所需的话题选择动画片，比如：教授海洋世界的内容时可以选择《海绵宝宝》，因为这个动画片中主人公的生活环境基本上在海底；教授季节的内容时可以选择《冰雪奇缘》，因为这个动画片中冬季特征比较凸显，有关的词汇和季节相关活动比较丰富，可以用在教学活动的设计中。也可以根据主人公的特征选择动画片，比如：教授交通工具的内容时可以选择《汽车总动员》，教授动物的内容时可以选择《功夫熊猫》等。无论选择哪种动画片，不一定原封不动地使用其中的人物，可以让主人公转换场景、给主人公增加好朋友、给主人公增加探险经历等，但都要符合教学内容的需要，让动画片为教学服务，最终达成教学目标。

（二）基于教学内容改动画，拓宽学习空间

在选英语动画片时，往往会发现非常难找到完全贴合我们教学要求的动画片，一般都需要教师在原有基础上适当修改，让内容更加符合各个教学环节的推进。特别对于主人公等关键人物的设定，要根据教学内容的需要，突出人物性格特征，并且根据词汇、句型等核心内容调整人物的语言，创编人物的对话文本，让对话更加口语化、趣味化，便于学生理解，将高难度词汇、过长语句等转换为易于理解、方便演绎的语句，以便

符合教学目标的要求。总之，教师要深入了解英语动画片的内容，仔细研究人物语言，然后对其中的配音素材进行重组修改，让动画片的内容服务于教学，形成系统化的知识，为学生的英语学习提供支持。

（三）基于团队合作演动画，分享学习成果

学生利用英语动画片进行配音学习的过程融入了教学内容，但成效如何需要教师立即反馈。教师不仅要利用动画片吸引学生的配音兴趣，更关键的是要帮助学生形成合作团队，指导学生积极与他人交流沟通。合作团队的组成可以在学生自由选择的基础上，教师根据角色与学生声音塑造力的匹配度等进行调整，让每一个团队都能角色表现力充沛、人员学习水平互补均衡。在配音实施的过程中要及时收集学生意见，适时调整策略，指导学生用配音的形式表现出英语动画片的人物个性和故事情节。小组演绎中不但要给每一位学生展示自我的平台，而且要给学生评价他人的机会，让配音学习成为学生突破自我、交流互动的过程。

三、案例与研究

运用英语动画片变革配音学习的方式，在英语教学中需要有一定的操作与方法，才能为学生创造更为真实的语境，帮助学生综合运用所学知识，提高学生的语用能力。下面以 PEP 人教版教材三下"U3 At the zoo"为例进行阐述。

本单元的主题是动物园，运用核心语言"It has a long nose."来介绍动物。在三上"Unit4 We love animals."的模块中，学生曾学习过"What's this/that? It's a ..."的表达，并接触过 panda、elephant、bear、duck、dog、pig、cat、tiger、bird 等表示动物的单词，也接触过 big、fat、long、leg、funny 等单词。在此基础上，本单元加入了句型"It has a long nose."要求学生主要通过参观动物园等与动物相关的活动，学习新的形容词，在交谈中运用核心词汇和句型，询问和简单描述动物的特征。

第一步，基于教学目标选动画，重塑人物特征。我在对教材内容和教学难度进行适当调整的基础上，进行了单元整体设计：第一课时"A book about animals"；第二课时"Animals at the zoo"；第三课时"A film about animals"；第四课时"Riddles about animals";第五课时"Rules at the zoo";第六课时"Story time"。而本课时为第三课时，教学目标定为：能在语境中进一步理解、巩固核心词汇 thin、fat、tall、short、big、small、long、giraffe、monkey、elephant、panda，学习新单词 tail、head、body、leg 和句型"It has a big body."，并运用所学介绍动物。因为整体语境为动物园，而且要学习的是如何描述动物特征的形容词，所以我选择了动物特征比较明显的、在学生中热度较高的《疯狂动物城》，其中的主人公是兔子 Judy 和狐狸 Nick，他们的动物特征都非常明显，能够给学生提供语用表达的素材。而在原来的动画片中，兔子是警察，狐狸是她的好朋友，我利用这个关系，强化了他们调查案件的故事设定，让学生跟着他们的侦查足迹搜寻动物，并给他们配音表达动物特征。调查追踪怪物的设计引发学生极大的学习兴趣，在每个线索出现时学生都乐于参与配音活动和表述人物语言，收到良好的教学效果。

第二步，基于教学内容改动画，拓宽学习空间。本课时的语用任务设置为：①能够理解、朗读并运用核心词汇介绍动物，做到发音准确，并能够在语境中使用这些词形容动物的特征；②能够在语境中感知、理解核心句型，描述动物的不同之处；③运用新词 tail、head、body、leg 和核心句型"It has a big body."等介绍动物。由于要完成这三个语用任务，所以我利用动画片主人公的职业特点，修改了动画的内容，让学生的配音文本完全贴合语用任务。

首先，课堂从上一课时的语境"学生初到动物园"，过渡到本课时的语境"学生在动物园演播厅观看电影《疯狂动物城》"。先播放动画片的片段：Judy 来到动物城，看到各种各样的动物。让学生模仿 Judy 描述电影中见到的小动物，复习上一课时所学内容，为本课时故事情节的推进做好铺垫和准备。

然后，播放一段神秘的夜晚突发事件视频：一些小动物消失了！声音和图像一下子引起了学生的兴趣。有目击者看到了现场怪物的部分身体，通过目击者的描述，兔子警官 Judy 拼凑出这个怪物的样貌"有一个大大的身体、长长的尾巴、三只眼睛、短短的腿、小小的脑袋"等。接着，Judy 他们根据这些特征展开了追踪和调查。

Judy 和 Nick 通过照片线索发现了猴子有长的尾巴，认为他是怪物。此时引导学生听听演演他们的对话并给两个主人公配音，获得语用体验，练习核心词汇和句型。

后来,他们发现熊猫有大大的身体、长颈鹿有小小的脑袋、大象有短短的腿,但是通过表演对话都能知道他们不是那个怪物。最后,他们发现了一扇神秘的门。这里我设计了《疯狂动物城》中的一个比较出名的角色——树懒"闪电"。他作为看门人,给兔子警察他们设置了障碍,需要通过"跟着指令做动作"的考验,才能进入一个大厅。这里的设计目的是强化前面所学的形容词 big、small、long、short 和表示身体部位的名词 eye、arm 等。学生跟着主人公通过了考验,打开了神秘大门,然后我给学生播放了动画片中欢庆歌舞表演的视频。当看到眼前的场景,他们才恍然大悟,原来小动物们在举行化装舞会,然后学生在舞会中找到了那个怪物,也是小动物扮演的,虚惊一场。

学生在跟着两位主角调查各个小动物的环节中,不断地质疑、推断、确认小动物特征等,通过演绎两位主角的对话,体验动画片中故事的曲折情节,最终得到满意的结果。最后,在语用输出的环节,我请学生设计自己的小怪物造型加入化装舞会,描述自己造型的时候自然而然地进行了综合语用的表达叙述,完成了语用任务,再现和巩固了本课时所学的词汇、句型等内容。

第三步,基于团队合作演动画,分享学习成果。学生在故事推进的过程中,给两位主人公配音,跟着情节体会他们不同的情绪和语言:起初事件突发时的担忧,根据目击者提供的特征找怪物的期望和失望,最后在动物化装舞会上揭晓谜底的欢快庆贺。学生不但体验了动画片中人物的情绪变化,而且在小组内和同伴运用英语进行了交流,这种代入感让学生情绪高涨,乐于参与整个学习过程。课后,学生还在不断地改进,延伸了课堂教学。老师可以提供配套的 PPT,学生在家长的帮助下将配音表演录制成视频影像,分享在班级群内,并保存这种形式的学习成果,获得长远的成功体验。

四、研究结论

在现有英语教材的配套课件中,可以发现一些内容是适合英语配音的,但这些对话相对单一,与教材内容一一对应,在学生掌握教材内容的基础上,不能进一步丰富语言材料,无法激发学生的学习兴趣。因此,为了给学生提供更加丰富的材料,更好地帮助他们在学习语言的过程中提升观察力、丰富想象力、开拓思维空间,教师可以适时选取内容积极向上、人物特征突出、语言简单精练的动画片来辅助英语教学，但要选取合适的资源、创编人物语言、赋予符合教学目标的人物特征，并给予学生更多的表现机会，以提升课堂实效。

1. 英语动画片配音学习，能够提高学生的学习兴趣

英语动画片环境下的英语学习，改变了教师单一讲解的课堂形态，为学生提供了大量的语言输入和输出交流的机会，也进一步让教师得到了教学效果的及时反馈。英语动画片的内容丰富、情节富有童趣、色彩艳丽华美，能够大大吸引小学生的注意力，这种多通道和交互式的语言学习，让学生更加感兴趣，激发了学生的内在动机，符合学生的心理发展特点。当儿童面对生动活泼、形象真实、故事有趣的语言对话时，会产生强烈的表现欲，使得学习兴趣大大提高；再通过教师的正确引导，能够提高学生的求知欲和课堂教学的有效性。

2. 英语动画片配音学习，能够提升学生的语用表达

目前的英语学习状态下，小学生能够接触到英语母语者的机会有限，在课堂上尽量提供原汁原味的英语经典动画片，能使他们尽早地接触英语发音和英语思维，能够快速进入英语文化的语境。模仿是小学生学习英语的重要手段，在给动画片配音的过程中，需要大量的听，还要与小伙伴分角色充分练习，这样能在听说中培养语感、提高语音水平、提升英语技能。学生听说动画片中地道的英语语音，充分学习了韵律、连读、语调等，有效地调动了多感官学习。完成配音作品后的互动交流是小组的学习成果展示，给学生提供了语用表达综合能力展示的平台，让学生体验英语学习的成功，培养了自信心。

3. 英语动画片配音学习，能够培养学生的学习策略

《义务教育英语课程标准（2011年版）》在学习策略方面指出："交际策略是学生为了争取更多的交际机会、维持交际以及提高交际效果而采取的行动；资源策略是学生合理并有效利用多种媒体进行学习和运用英语的方式和方法。"这就要求教师要有意识地帮助学生形成适合自己的学习策略，在配音学习的过程中，教师要鼓励学生与小伙伴合作，这有利于帮助学生形成交际策略。而英语动画片这种资源在学生生活中随处可得，在配音学习时，学生能够逐步提高对资源的选择和利用能力，并不断调整自己

的学习策略，不仅有利于他们把握学习的方向，采用科学的途径提高学习效率，而且有利于他们形成自主学习的能力，为终身可持续性学习奠定基础。

用英语动画片帮助小学生学习英语，目的是提高儿童的英语语言技能和学习语言知识。学习要以儿童为主体，动画只是辅助手段。因此，在英语动画片资源的选择和应用中，教师要围绕教学目标的达成和教学内容的重、难点；在资源设计时，需要考虑如何让学生参与到教学活动中，要充分考虑让学生应知应会哪些内容，然后再考虑英语动画片的选择。如果没有合适的故事，教师可以用里面的人物为主人公，创编或改编与教学内容相关的情节，目的是达成我们的教学目标。但值得注意的是，不能为了课堂热闹而使用动画片，避免与教学目标无关的内容的干扰，生搬硬套只会给学生的学习造成困扰。

小学生充满好奇心、善于模仿、乐于表现，对于动画片比较感兴趣，但是他们的语言积累不够丰富，英语使用能力有限，缺乏社会经历，对于是非善恶的判断能力还不够完善。因此，教师在选择英语动画片时，要做一定的甄别，尽量选择符合小学生心理特点和年龄特点的动画，内容要积极向上、有正确的价值观，引导学生通过英语学习培养爱国主义情感。在动画片支持英语学习的课堂上，要给予学生自主探究的空间，让学生动脑思考人物表达，设计人物语言和动作等，积极参与配音活动，激发高阶思维和综合运用的能力。教师还要在教学中不断强化学生的学习兴趣，引导他们逐渐将兴趣转化为稳定的学习动机，培养他们乐学自信、合作创新、健康向上的学习品质。

（撰稿人：刘海平）

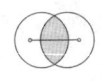

第二节

信息技术与活动学习

现代信息技术是借助以微电子学为基础的计算机技术和电信技术的结合而形成的手段,对声音、图像、文字、数字和各种传感信号的信息进行获取、加工、处理、储存、传播和使用的能动技术。21世纪是信息化和网络化的时代,我们要站在时代的前沿,不断地学习和创新教学模式,以此来改变学生的学习方式。传统的学习方式是教师为主导的讲解、示范、练习、纠错、再练习的过程,显然这种学习方式已经不能适应现在的教学了。

本文旨在通过信息技术资源改变传统的体育教学模式,提高学生对体育课的兴趣,以适应时代发展的需求。作为一线教师,我们要贯彻落实十九大精神,迎合"小学体育兴趣化"的改革,充分利用信息技术资源来提高课堂实效,适应时代的变迁和学生的发展。

一、理论与依据

(一)理论基础

为贯彻落实党的十九大精神、全国教育大会精神和习近平新时代中国特色社会主义思想,落实党中央、国务院关于加强学校体育和美育工作的一系列指示,我们作为一线的工作者,要高度根据党中央国务院的要求,不断学习,提高自己,为人民服务。随着社会的发展,现在的学生可以通过多种途径来获取知识,我们传统的教学模式已经不能满足孩子的学习热情,如火如荼的教学改革正在开展,"小学体育兴趣化,初中体育多样化,高中体育专项化",这就迫切需要作为教师的我们行动起来,迎合时代发展的需求。

教育部《普通高中"研究性学习"实施指南(试行)》提出了以下几点目标:①获得亲身参与研究探索的体验;②培养发现问题和解决问题的能力;③培养收集、分析和利用信息的能力;④学会分享与合作;⑤培养科学态度和科学道德;⑥培养对社会的责任心和使命感。

研究表明,视觉比听觉获取的信息更多,传统的教学中,教师都是通过语言来引导学生改正错误动作,效果并不理想,学生改过几次,还是会错;这时候如果我们可以借助希沃软件,将学生的动作录入视频并投屏到电脑上,让学生进行观察并指正,效果比语言引导改正要好得多。

有时候雾霾天、下雨天,体育会上室内课,这时教师就可以做一些健身保健的课件和体育理论知识的课件,构建文化课堂,传播体育吃苦、耐劳、拼搏的精神,让学生逐渐形成终身体育观。

(二)研究依据

《上海市中小学体育与健身课程标准(试行稿)》指出:课程的基本理念是以学生发展为本,坚持全体学生的全面发展,关注学生个性的发展和可持续发展;课程要为学生提供多种学习经历,丰富学习经验;确定学生在学习中的主体地位,关注学生的已有经验和兴趣爱好、个性特长等发展特点;通过课程体系的构建与实施,为学生提供品德形成与人格发展、潜能开发与认知发展、身体与心理发展、艺术审美、综合实践等方面的学习经历;关注学生学习的过程,通过创设学习情境、开发实践环节和拓展学习渠道,帮助学生在学习过程中体验、感悟、构建并丰富学习经验,实现知识传承、能力发展、积极情感形成的统一。2019年颁布的《中共中央国务院关于深化教育教学改革全面提高义务教育质量的意见》指出:"促进信息技术与教育教学融合应用。推进'教育+互联网'发展,按照服务教师教学、服务学生学习、服务学校管理的要求,建立覆盖义务教育各年级各学科的数字教育资源体系。加快数字校园建设,积极探索基于互联网的教学。"

信息技术应用到体育教学中是可行也很有意义的一件事情,这不仅仅符合我国国情,也是时代所趋。把信息技术运用到体育教学中,可以节省课堂教学的时间,增加课堂练习的效果。体育学科是一个比较特殊的学科,在教学的时候,如果可以把信息技术运用到教学中,比如在练习体操类动作时,可以把慢动作效果运用到课堂中,把抽象的动作具体形象化,学生看得直观、清楚,这可以让学生少走一些弯路;另外,现在的教师学历水平都很高,在大学的时候一些简单的信息技术,像 Word、Excel、PowerPoint、微课等都学习过,大部分教师都是可以做到把这些融合到教学中的,所以这是时代所趋,是可行也是很有意义的一件事情。

二、操作与方法

我们体育学科教学借助多媒体、课件、教学辅助软件来改变传统的体育教学,主要从以下几个方面体现。

(一) 创设情境

创设情境,导入新课,使同学在身临其境的感觉中,迅速、自觉地进入新课学习的最佳境地,发生强烈的求知欲望,以此增加教学效果。比如在一年级"各种姿势的起跑"教学中,利用电脑把各种动物的叫声做成音频,在教学中播放出来,让孩子们根据叫声判断动作,根据动物的特点模仿各种姿势。孩子在逼真的氛围中,体验不同的跑步方法,如果没有音频,这节课的氛围可能达不到这样的效果。

(二) 设计任务

设计任务是把一种设想通过合理的规划、周密的计划,借助各种感觉形式传达出来的过程。人类通过劳动改造世界,创造文明,创造物质财富和精神财富,而最基础、最主要的创造活动是造物。在三年级"前滚翻分腿起"的教学过程中,通过大屏幕上展示的不同图形,学生以小组为单位完成不同的任务;在完成任务的过程中,配上激动人心的音乐,学生们的积极性更高。

我们除了可以设计上课时的任务,还可以设计学生回家的任务,现在学生家长都会有跟学校联系的教学软件,比如"钉钉",我们体育课也可以把回家任务布置在这个软件里,每位同学通过视频拍摄,把自己的任务传到软件上,负责的老师每天检查和回馈，这样比较方便，操作比较简单，在提高学生运动量的同时还可以促进孩子和家长一起参与，这对于解决小肚腩和近视是有帮助的、也是可行的。

（三）角色体验

现在的教学希望学生可以获得参与的体验，希望培养学生的社会责任感和使命感，然而学生的水平不一样，身体素质不一样，注定大家所获得的体验也不一样，正因为如此，作为教师的我们在教学的时候，要充分根据学生的身体和心理特点来设计我们的课，让每位学生都能参与到课堂中来，获得自己的体验。例如在五年级"山羊分腿腾跃"教学时，可以根据学生的情况，把课设计成进攻方、防守方和救助方，针对学生的不同情况，让学生体验不同的角色，让每位孩子都可以体验成功的快感。

（四）多样评价

评价是指对一件事或人物进行判断、分析，课堂教学中的评价是指对学生学习过程和结果的评价，这是学生非常在意的，因此，在教学时及时评价是很重要的。在传统的体育教学中，对学习成果的评价比较多，因为这比较直观方便；随着信息技术的发展，我们可以将过程性评价融入其中。例如在四年级"跳上成蹲撑—起立—前跳下"的教学过程中，我们就可以用慢动作拍下学生整个动作的轨迹，然后投放到大屏幕上，学生都可以看到，学生自己就可以评价自己，这样有利于减少错误动作，增强课堂实效；不然有些学生可能到毕业都不清楚自己的动作怎么样。我们不能只看学习的结果，学习的过程也是很重要的。

现在的学习，可以通过创设情境激发学生的兴趣；设计任务提高全员的参与度，当然根据学生的情况，任务应有难易之分；角色体验让每位学生都能感受到学习的乐趣以及角色互换的幸福体验；多样评价也是为了不同能力的学生都能找到学习的快乐，对于不同特点的学生要统一要求、区别对待。通过以上几点，学生可能感觉不到自己在学习知识和技能，而是参与一个游戏，在快乐的游戏过程中不知不觉学会了技能，掌握了方法。

三、案例与研究

五年级"山羊分腿腾跃"教学打破以往的讲解、示范、练习、改正、练习的模式，整节课通过多媒体信息技术资源的教学设计,从创设情境、设计任务、角色体验、多样评价等几方面来进行案例阐述。

(一) 创设情境

师:同学们,今天我们上课的主题是"五星士兵挑战赛",你们就是小士兵,你们的任务就是通过努力,获得五星,大家想不想挑战?

生:想!

师:作为一名士兵,我们的一切行动要……

生:听指挥!

师:今天我们的一切行动要听音乐来控制。

此时小士兵出操号响起,教师和学生在音乐的伴奏下,做热身活动和出早操。

(二) 设计任务

师:接到上级任务,我们今天的任务是突破敌人的堡垒。大家看一下大屏幕,学一学突破堡垒的方法。

生认真观看。

师:第一级任务比较简单,大家有没有信心?

生:有!

师:执行任务的时候,注意进攻和防守的动作方法,动作正确才是有效的进攻,同时注意安全,保护自己不受伤。

生:明白要求,精准执行!

第四章 具身性资源:进入身心灵一体的学习境界

在完成任务的过程中学生可以获得不同的星:从"技能星"的获得到"互助星"的获得需要完成不同的任务。学生获得五星的同时也完成了整节课的教学内容。

(三) 角色体验

师:同学们,我们要想突破敌人的堡垒,一味地进攻效果并不好,我们要有进攻、有保护、有服务、有牺牲。每个小组六名同学,每个人担当不同的角色,每个人完成自己所承担的使命和责任,最终获得五星,突破敌人的堡垒。

生:明白!每个岗位的责任我们都清楚了,我们会根据需要,变换不同的岗位,完成任务的!

师:今天你们不仅仅是一名士兵,你们还是一名监督员,别的同学练习的时候,有两名"保护星","保护星"同时也是监督员,看一看进攻者的动作方法是否正确,是否符合要求,符合的话可以授予勋章。

生:明白角色要求,认真执行!

学生在整个练习环节中,不仅要练习进攻,还要保护和掩护其他同学,同时还负责监督练习者进攻的动作是否正确,如果正确给予星级评价并授予勋章。

(四) 多样评价

师:同学们,看大屏幕,这是完成二级任务的动作方法。六人一组,两名同学保护和帮助,另外两名同学负责监督任务完成的质量,左边的同学看进攻的同学是否做到了"助跑踏跳有力",右边的同学负责看进攻的同学是否做到"提臀分腿脚绷直"。如果做到请给他鼓励,并授予他"技能星";如果没完成,请给他加油,并指出哪里没有完成。

生:我们都懂了,我们会努力完成任务!

师：第三小组任务完成得好，动作比较规范，我们来看看他们是如何完成的，看大屏幕，看他们组的配合、分工、保护、评价是如何做的。

生仔细观看，并回忆自己小组是如何做的。

师：看大屏幕完成任务的动作口诀。

生一起大声读，接下来的练习是按照上一组的配合加上动作口诀。

在练习过程中，学生有自评有互评，在互评的时候如果符合要求就给予勋章评价，如果不符合要求，告知对方哪里需要改进；在评价的同时，自己也等于再练一次，回顾了动作要领。

本节课针对"支撑提臀分腿"和"积极推手"的重、难点，利用自制器材和两条弹力带来解决难题。本节课通过"五星士兵挑战赛"的教学情境，让学生通过突破不同高度的封锁线获得"技能星"，在获得"技能星"的过程中潜移默化地学会了支撑提臀分腿。这样有标志物的触碰，学生心里能够感知到自己究竟有没有完成，给学生一个初始的预判，两边保护帮助的同学，每个负责评价一个要点，比如是否做到踏跳有力、直臂顶肩，通过自己的预判以及同伴的评价，练习的同学可以清楚地知道这个动作完成得怎么样，下次练习需要注意哪些地方。这样教、学、评的组合方式，增加了学生对动作的认知，也增加了练习效率。

"突破有封锁线的堡垒"和"突破堡垒"环节强调分腿的同时要积极推手，这让学生明白身体的任何部位对动作技能的形成都有着很大的贡献，如果动作姿势不正确可能会造成运动损伤。自我挑战环节中，通过挑战不同高度的轮胎，每位学生都能体会到成功的喜悦，成功的同时获得"挑战星"，学生会更加开心。这种由易到难、循序渐进的教学方法，学生比较喜欢，以后教学中应该多尝试。综合活动环节中，学生利用垫子、弹力带、踏板、轮胎自己创设活动，创意十足的组别可以获得"创意星"，没有获得的学生可以通过自己的努力获得"体能星"，这种形式的教学不仅调动了学生的兴趣，还促进了学生动脑、动手，培养学生自主健身的能力。

多媒体的运用便捷、有实效,尤其像体操类运动,慢动作、分解动作等的运用可以让学生看得更直观,教学中投屏技术的使用也会大大增加学生的兴趣,因此教学中可以多尝试、摸索。另外教学中,不同角色的体验是很有必要的,因为学生的水平参差不齐,如果只有一种学习的角色会太单调,导致一部分学生不能获得成功的体验,长此以往学生就会丧失信心、产生自卑心理。作为新时代的教师,一定要考虑到所有学生,让每位学生都能体验到成功的喜悦,要让每个孩子在你的课上有事可做,完全融入课堂。

四、研究结论

百业待兴,教育为大。想要跟上时代发展的步伐,就要让我们的课堂也走在时代的前沿,充分利用信息技术改变学生的学习方式,在课堂中让学生成为真正的主人,在新的教学模式下,学生有更多发现问题、分析问题、解决问题、讨论问题、动脑说话的机会,增加学生对未来社会的适应能力。但新的思想、新的授课方式对教师的要求更高了,教师要掌握先进的信息技术,会做视频、剪辑音乐、制作精美的PPT等,教师要在日常生活中不断地摸索和学习。

体育信息资源需要运用互联网知识以及多媒体,然而现在很多老师对这方面的知识掌握情况不乐观,因此对于这方面的学习和培训就很重要,学校应该为教师多搭建平台,教师也应该认识到迫切性,积极主动地学习和钻研。

利用信息技术布置回家作业,由父母拍摄学生完成是可行的,信息技术不仅能为课堂服务,还可为课后作业服务。

当然,教师在利用信息技术制作课件的时候,要考虑学生的具体情况,另外课件要少而精,不要全盘依赖课件。布置回家体育作业时,作业完成时间不宜过长,最好是在家可以完成的项目。

(撰稿人:苏云云)

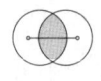

第三节

核心问题与探究学习

新时期,随着教学改革的深入,传统的学习方式已经无法满足小学生的现代化发展需求,小学数学教师应该结合学生的现实需求,变革教学手段,根据教学目标、教学内容,收集核心问题资源,引导学生更积极地参与到数学课堂中,才能促进学生数学学习能力的提升。[1]

一、理论与依据

著名数学家哈尔莫斯说:"问题是数学的心脏。"亚里士多德也说:"思维从疑问和惊奇开始。"可见"问题"是思维的起点,是学生主动探索、学好数学的动力所在。[2] 我们又该如何培养学生的"问题"意识,利用"问题"来引领数学教学呢?问题式教学[3]的核心概念是问题情境,认为教学的关键在于创设问题情境,并提出创设问题情境的一系列方法。

"问题是数学的心脏",数学教学简言之就是"问题教学"。数学课堂教学活动应以引导学生逐步发现、提出问题为起点。充分激发学生的好奇心和求知欲,让学生在互

---

[1] 陈小霞. 用核心问题引领探究学习 培育小学生数学核心素养[J]. 考试周刊,2019(22).
[2] 魏星. 用问题引领数学教学[J]. 数学之友,2008(23).
[3] 问题式教学是苏联教育心理学家马丘什金、马赫穆托夫等提出的一种发展性教学理论和方法。

助合作和对问题的探究过程中,体验数学创造的研究过程。在经历质疑、合作、评价等过程中培养学生的发散思维,真正变革学生的学习方式,提高学生的创新精神和探究能力。[1]

因此,笔者尝试了核心问题资源设置、用问题资源进行课堂实践等方式,用核心问题引领学生的学习,以期提高学生的数学探究能力。

二、操作与方法

(一) 立足单元整体,形成系统化结构

2017年,崔允漷教授在第十五届上海国际课程论坛作了题为《试论核心素养的课程意义》的报告,报告中指出,指向核心素养的课程发展给我们带来的一个变化——只有当我们在设计一个单元的时候,才能看到价值观念。可见,以单元为整体进行教学设计,是挖掘数学本质、整体把握知识结构、渗透数学价值最有效的途径。[2]

(二) 明确核心内容,收集问题资源

所谓的"问题资源"不是学生能立即作答的,而是要能引发学生深入思考、合作探究、交流互动,具有一定思维价值的问题。而这些资源可以是针对概念的本质内涵的问题,也可以是为了引导学生探究知识的启发性问题,还可以是在学生认知困惑时的方法指导或思路点拨的问题。为此,数学的核心问题应有利于学生思考与揭示事物的本质,能让学生更好地理解和掌握新知、积累学习经验和方法。[3]

(三) 实践核心问题,进行反思总结

在建立明确的理论和方法后,我们在课堂中进行了问题式教学的实践,并进行了反思和总结。学生需要的是什么样的问题资源?

① 问题的设置要能激起学生探究的兴趣。教师提出的问题要能引起学生探究的兴趣,使学生能自发地去学习,激发寻求正确答案的积极性。

---

[1] 戴亚琴. 用数学问题引领数学活动[J]. 新课程(小学),2018(10).
[2] 侯学萍,陈琳. 小学数学单元教学的整体设计[J]. 教学与管理,2018(29).
[3] 陈华忠. 确立数学教学中的"核心问题"[J]. 陕西教育(教学版),2015(Z1).

② 问题的设置要有启发性。启发性提问能促进学生积极思考，发展学生的创新思维，使学生在掌握知识的同时发展智力、培养能力。

③ 问题的设置要难易适中，难易结合。要把握住这样的尺度：问题经过学生思考、讨论之后基本可以解决；学生经历问题解决后，更激发了探究解决问题的积极性。

三、案例与研究

（一）确定单元整体设计，构建知识体系

以沪教版数学一年级第一学期的"11—20 的数"为例，教师先明确了单元内容"20以内数的认知及加减法"在知识体系中的位置（见表 4-3-1）。

表 4-3-1 小学阶段"数与运算"模块的教材安排[①]

模块	一年级	二年级	三年级	四年级	五年级
数与运算	1. 10 以内数的认识以及加减法 2. 20 以内数的认识以及加减法（十进制计数法） 3. 100 以内数的认识以及加减法 4. 加减混合运算 5. 理解加、减法的意义，并解决实际问题	1. 万以内数的认识以及加减法 2. 理解乘、除法的意义，并解决实际问题 3. 乘法口诀，以及相应的乘除法口算 4. 两步计算式题	1. 分数的初步认识 2. 乘、除数是两、三位数的乘除法 3. 两步计算式题，并解决实际问题 4. 计算器的认识和使用 5. 常见数量关系的理解（一）	1. 多位数的认识 2. 以万、亿作单位的数 3. 用四舍五入法求近似值 4. 分数大小比较，同分母分数加减法 5. 小数的认识 6. 小数加减法 7. 四则混合运算，并解决实际问题 8. 运算定律与运算性质 9. 常见的数量关系（二）	1. 小数乘除法计算 2. 小数四则混合运算 3. 正、负数的初步认识 4. 解决实际问题

---

① 本表截取自《小学数学单元教学设计指南》。

学生在学习本单元之前已经熟练掌握了10以内的数以及10以内数的加减法,本单元教学内容利用学生的已有知识,从10的基础上出发,把数域扩展到了11—20的数。学生通过20数板模型的实物操作,初步感知十几就是"十和几"的组合,2个十是20,并在教师指导下感受20以内数的排序,会比较20以内数的大小。

结合一年级小学生以具体形象思维为主的特点,教师在教学中应充分考虑学生的年龄特点,在具体活动中引导学生多动手、动脑、动口,调动各种感官参加学习活动,提高学习效率。我们在单元整体设计的基础上,要以前面的知识作为基础,也要为后面的知识做铺垫,于是进行了以下教学设计:学生通过经历圈一圈、数一数、摆一摆等过程初步体会位值计数,然后可以通过20数板、数射线等学具进行辅助教学,从数形结合的视角促进对数的认识和算法的理解;教师鼓励学生提出自己的算法,培养学生的算法思维。多种算法是针对群体而言的,并不要求每一位学生都掌握,鼓励学生根据自己的喜好选择合适的方法进行计算解答(即算法个性化)。本单元的学习为数域扩展之后的百以内数的认识及相关的加减法运算做好学习准备。

教学活动的开展要充分运用20数板、数射线等模型,让学生从数形结合的视角促进对数的认识及算理的理解,并提高计算能力及解决生活实际问题的能力。

(二)明确课堂核心内容,设置核心问题

"11—20的数"一课的教学目标为:①经历圈一圈、数一数、摆一摆等活动过程,认识数11—20并会计数与表达,会比较20以内数的大小;②能利用20数板模型摆一摆,知道2个5是10,2个10是20,初步感知十几就是"十和几"的组合;③在数学活动中丰富数感经验,养成良好的操作习惯和表达习惯。教学重、难点是会进行11—20各数的计数与表达。

1. 教学片段一:初步抽象数的组成

为了让学生能够感受数的组成,我们提供了操作工具——小圆片,设置了核心问题:用小圆片替代小老虎,怎样摆能让别人一眼看清是12个?

探究活动：生拿小圆片在桌子上按照自己的想法摆 12。

师展示 3 种摆法（第 1 种 1 个 1 个摆，第二种 2 个 2 个摆，第三种 5 个 5 个摆）。

师：哪一种摆法让你一眼看清是 12 个？

生 1：我喜欢第 3 种，我看到 5 加 5 等于 10，再多 2 个就是 12 个。

生 2：我也喜欢第 3 种，一下子就看到 1 个 10，再多 2 个就是 12 个。

师：你们真会思考，跟我们的数学小伙伴小亚想到一块儿去了。她请来一个新朋友 20 数板来帮忙，你们看，她是怎么摆的？

生：她先摆了 1 个 5，再摆了 1 个 5，2 个 5 是 10，再放 1 个 2，就是 12。

师：你们观察得真仔细，原来小亚是先摆了（圈）1 个 10，再摆了 1 个 2。1 个 10 和 1 个 2 组成 12。

小结：我们一起说一说，老虎有 12 只，2 个 5 是 10，1 个 10 和 1 个 2 组成 12。跟老师一起写一写 12，读作十二。读法也和它的组成有联系呢。

师：20 数板真是个好工具，用它来摆数就清楚多啦，今天就让我们一起用 20 数板来认识 11—20 的数。

设计意图：学生经历"实物——小圆片——数"的抽象过程，初步建立"2 个 5 是 10"的概念，通过 20 数板的探究学习，体会数板上的有序摆放，感知 12 的组成。

2. 教学片段二：探究与比较数的大小

在设计探究活动时，教师要先根据学生的特点设计合适的核心要求，例如在数动物的探究活动中，我们是这样设计核心要求的。

(1) 摆一摆:在数板上摆出所选动物的只数

(2) 写一写

(3) 说一说:同桌交流

我选的动物是( ),它的只数是( ),先摆( )个( ),再摆( )个( ),( )和( )组成( )。

学生根据活动要求开展自主探究活动,然后进行交流总结。

生1:我选的是孔雀,有15只,先摆1个10,再摆1个5,合起来就是15。

生2:我找到了狮子,有14只,先摆1个10,再摆1个4,合起来就是14。

生3:还有老虎,有11只,先摆1个10,再摆1个1,合起来就是11。

师生小结:写一写11,读一读十一。虽然两个都是1,但在不同的位置上表示不同的意思,以后我们会继续学习。

师:谁找到了比15小的数？谁找到了比15大的数？学生讨论交流。

设计意图:①通过数板模型摆放,知道2个5是10,2个10是20,初步感知十几就是"十和几"的组合。②会比较20以内数的大小。

> **教学片段三:表达与验证数的组成**

"11—20的数"的学习中,十几的数都是由"十"和"几"组成的,但是有一个特殊拐弯数"20",它是从"19"个位上增加1,满十向十位进一得到的。所以在学习19和20时,我们也同样设计了核心问题来帮助学生理解。

师生小结:鳄鱼有19个,1个10和1个9组成19,写一写19,读一读十九。

师:想象一下,在19的数板上再增加1个小圆片是几？

生齐说:20!

师:你是怎么知道的?

生1:左边1个10,右边1个10合起来就是20。

师:谁再来规范地说一说?

生2:我知道,2个10是20。

师:对啊,他们两个小朋友都给我们清楚地解释为什么叫它20,你们听清了吗?一起说一说。

师生小结:先摆1个10,再摆1个10,2个10合起来就是20。写一写20,读一读二十。

设计意图:①表达"11—20的数"的组合方式,并能通过多种方式进行验证。②感悟数的组成与命名之间的关系。

(三) 经历课堂实践,总结问题资源作用

1. 问题资源引领,培养抽象能力

在问题资源的引领下,学生在课堂中共经历了两次抽象过程。第一次,学生通过不同的数数方式来计数实物"小老虎",接着用小圆片来替代小老虎,学生借助核心问题"哪一种摆法让你一眼看清是12个?",展开了自主探究活动,学生通过独立操作1个1个摆、2个2个摆、5个5个摆、10个摆一起等方法,努力实现"有序摆放",这样的有序思维和20数板上的摆放方法不谋而合,从而总结了"2个5是10,再放1个2,就是12"的方法。第二次,学生借助数板的摆放规律用小圆片表示出来,感受12这个数的具体组成和含义:"2个5是10,1个10和1个2组成12。"这样的自主探究活动又是一次从具象"小圆片"抽象到数12,探究目标明确,让他们通过有目的地操作、观察、交流、讨论,从直观到抽象,主动构建自己的认知结构,从数12和数13中发现的规律进一步用在了11—19上,都是由1个10和几个1组成的,而20是由2个10组成的;在介绍数的过程中还融入了20以内数的比较。

学生在理解的基础上,从所学的数学知识中寻求本质联系,并能对理解的知识用

抽象的数学符号或语言表示出来。本节课我们从12只小老虎出发思考,自主探究"哪一种摆法让你一眼看清是12个?"的核心问题,学生进一步抽象到了用数12表示,并感受12是由1个10和1个2组成的,形成了"十几就是十和几"的数学规律。学生通过这样的探究学习经历,不断培养抽象能力。

2. 问题资源引领,提高表达能力

小学生,特别是低年级的小学生对事物的认识往往是片面而不准确的,又因为语言能力还不够成熟无法做到清晰表达。但是儿童具有很强的模仿力,教师的一言一行都会对学生起着潜移默化的作用。要培养学生的数学语言表达能力,需要教师提供一定的语言表达格式和框架,以便学生能更清晰地表达操作活动的过程和结果。

在让学生自主选择小动物进行数一数、摆一摆和说一说的合作交流活动中,我提供了问题表达格式:"我选的动物是( ),它的只数是( ),先摆( )个( ),再摆( )个( ),( )和( )组成( )。"交流发言的学生依据框架,能非常清晰地表达清楚,并说清了11—20的数的结构和组成,为培养儿童的数学表达能力做好了充分的准备。

3. 问题资源引领,注重思维多样化

在第三次学生进行探究学习活动后,我非常注重学生的思考方式。比如有学生介绍19是由1个10和1个9组成后,我进行追问:"他摆得对吗,你们是怎么检查的?"学生对19的组成还有更多的思考:有的认为3个5是15,15加4也是19个;有的认为在20数板上放满了就是20个,所以少1个就是19个……鼓励学生发表不同的想法,努力培养他们多方位的思维方式。

而在学会19的结构和组成后,我又提出了问题:"在19的数板上再增加1个小圆片是几?你是怎么知道的?"学生们异口同声是"20",他们对"20"的认识是通过长期数数的学习掌握的,但很少有学生知道20的组成和含义。这时,我带领学生们一起讨论"为什么我们要叫它20呢?",对照20数板上的摆放,学生恍然大悟:"因为20里面有2个10。"这样的处理方式,加深了学生对19到20如何变化的印象,为十进制的学习埋下了伏笔。

四、研究结论与注意点

实践证明,有问题的课堂才能促进学生的自主探究学习,有问题的课堂才能提高学生的数学表达能力,有问题的课堂才能真正地落实学生数学核心素养的培养。在课堂中运用"问题资源",能够引发学生的数学思考,学生带着核心问题去学习和探究,通过探究合作等方式解决问题,表达自己的思想方法,同时教师鼓励学生拥有不同的思维方式,变革了数学学习方式。教师成为了"旁观者",学生成为了课堂的"主角",教学挖掘学生本身的探究能力,真正提升了学生的数学抽象能力、表达能力和思维能力。

注意点:教师应在关注单元整体设计和教学重、难点的基础上,通过设计核心问题、收集核心问题资源,加强对学生学科能力的培养。设计问题时,应注意避免无效问题,问题做到语言精练,让学生可思、可想、可探究。

(撰稿人:陈蕾)

第五章　生成性资源：启动学习者的内部生成

　　生成是重过程、重关系、重创造、重个性差异、重具体的一种思维方式。生成性资源是为激发学生学习的内部动机，为其主动学习提供条件的学习资料。教师和学生是重要的生成性资源。课堂教学要重视激发学生的内部动机，启动其内部生成机制。设计教学活动，应给学生创造可以自我掌控学习的机会，营造以其为主的氛围，选择那些能引起学生的兴趣并能激发其思考的生成性资源。

- 第一节　主问题与对话学习
- 第二节　问题链与表达学习
- 第三节　图形资源与观察学习

生成学习理论认为学习是一种生成活动,它发生于学习者对新信息进行适当认知加工的过程。[①] 该理论强调源自学生内部的主动性。这种主动性促使学生对教师提供的认知材料进行选择加工,同时将新知中的信息与其已有知识建立联系,形成新的认知,从而实现学习的发生。可见,在生成学习中,学生的学习不仅取决于教师所呈现的材料,更依赖于学生的内部动机。内部动机以学生内在的兴趣和爱好为出发点,能驱动学生以更积极主动的行为来面对学习中遇到的问题。如果学生对学习内容没有去理解的动机,就不会有学习主动性,生成学习则无从谈起。

根据生成学习理论,我们在教学中要重视激发学生的内在动机,启动其内部生成机制。只有当学生在所参与的学习活动中感受到较强的自主性时,其内部动机才会得到增强;反之,如果活动让学生感觉缺乏自我决定和控制,其内部动机则会削弱。[②] 因此,我们在设计教学活动时,要注意给学生创造可以自我掌控学习的机会,营造以其为主的氛围,同时要考虑到学习材料与学生兴趣之间的关联。因此,在设计活动资源时,需要选择那些能引起学生的兴趣并能激发其思考的开放性资源。教师和学生是重要的生成性资源。师生在课堂上的情绪状态、言语、行为、思维方式、教学或学习方法,以及师生作为个体的人都会影响生成学习的效果。我们要用好这些"活资源",在多向的交互活动中不断生成新的资源,使资源活起来,反过来再促使学习者活起来。

---

① 洛根·费奥雷拉,理查德 E. 梅耶,陆琦,盛群力. 学习是一种生成活动[J]. 数字教育,2016,2(2).
② 师亚飞,童名文,孙佳,戴红斌,龙陶陶,王建虎. 混合同步学习环境对学生认知投入的影响机制研究[J]. 中国远程教育,2021(9).

第一节

主问题与对话式学习

对话式教学强调"阅读教学是学生、教师、教科书编者、文本之间对话的过程"。但很多教师简单理解"对话"为：教师设计好一连串的问题，一问一答。牵着学生走的情况比较普遍。

因此，我们试图运用主问题资源变革这种对话式的学习方式。即教师深入研究教材后，在教材的重点、难点、特点、疑点的结合点上设计出"牵一发而动全身"的主问题（即核心问题），达到"突破一点，带动全文"的目的。教学时，教师设置问题情境引导学生提出主问题，低年级可以由教师直接提出主问题，在主问题下设计一连串相互联系、逐步推进的问题链或学习任务，引导学生在解决问题中习得阅读方法，掌握阅读策略，经历阅读过程，提升阅读能力。

一、理论与依据

问题是激发思考的通道。有了问题，就有了思考的起点、探索的方向。在语文教学中，运用主问题进行教学，可以引发学生对课文内容更集中更深入地阅读思考和讨论探究。把主问题资源运用于语文教学中有着科学的理论基础和研究依据。

（一）理论基础

建构主义学习理论强调，学生的学习活动必须与任务或问题相结合，以探索问题来引导和维持学习者的学习兴趣和动机，创建真实的教学环境，让学生带着真实的任务学习，使学生拥有学习的主动权。

现代认知心理学认为，问题就是在信息和目标之间有某些障碍需要加以克服的情境。任何一个问题，都是由"给定""目标"和"障碍"这三个成分有机地结合在一起的。因此，在教学中的问题既包含了学生学习的信息，也包含了期待的学习结果，"障碍"的克服（问题解答）同时表现为一种学习过程或认知程序。

（二）研究依据

《义务教育语文课程标准（2011年版）》明确指出："语文课程必须根据学生身心发展和语文学习的特点，爱护学生的好奇心、求知欲，鼓励自主阅读、自由表达，充分激发他们的问题意识和进取精神，关注个体差异和不同的学习需求，积极倡导自主、合作、探究的学习方式。"强调充分尊重学生的学习权利，充分激发学生的问题意识和进取精神。

语文课程应培养学生积累运用祖国语言文字的能力，同时，发展思辨能力，提升思维品质。高中语文课标明确了语文学科的四个核心素养，即"语言建构与运用""思维发展与提升""审美鉴赏与创造""文化传承与理解"。在"语言建构与运用"后面即是"思维发展与提升"，我们越发明确，语文教学必须注重思维能力的培养，才能让学习真实地发生。学习不仅仅是知识的积累，更重要的是运用所获得的知识培养发现问题、解决问题的能力，而这些能力的强弱在很大程度上和学生的思维能力有关。

主问题资源变革对话式的学习方式，能让学生围绕主问题抽丝剥茧、层层推进，不断加深理解，不断推动教与学走向深入，最后得出正确的答案。这样在解决问题的过程中，既发展了学生的思维，又培养了学生的创新意识，让课堂真正成为孕育知识的摇篮。

二、操作与方法

传统语文课堂中教师问得多、问得碎的问题比比皆是，严重制约着课堂教学的有效性。而围绕主问题科学设计教学方案，精心组织教学活动，课堂教学效率将会得到强有力的保障。

（一）创设情境，提出问题

在教学过程中，教师依据教学内容创设情境来诱发学生的学习兴趣，鼓励学生质疑问难，然后以学生的问题为起点，引导学生特别关注矛盾之处、关键之处、疑点之处，提出关键性的问题，吸引学生进入有一定思维深度的研习、品析中。

（二）预设困难，搭建支架

主问题提出之后，教师要预设学生的困难，尤其是学生普遍感到困惑的共性问题，一步一步地为学生的学习提供适当的、小步调的线索或提示，以图表、小贴士、学习任务单等形式呈现，让学生在合作学习中进行讨论、探究。学生通过这些支架一步一步地攀升，逐渐发现和解决学习中的问题，掌握所要学习的知识。

（三）合作学习，尝试解决问题

引导学生根据教师提供的解决问题的方法或线索，在小组内讨论交流。学习小组可以由不同层次的学生组成。在合作学习的过程中，学生各抒己见，通过不同观点的交锋、补充、修正，寻找对当前问题的解决方案。在这个过程中，学生也学会了聆听他人的意见，理解他人的想法，学习他人的长处。

（四）交流分享，解决问题

全班讨论交流，教师重点引导学生关注那些他们关注不到或理解不到位的深层内容。"道而弗牵，强而弗抑，开而弗达"，学生关注不到的教师再引导，学习理解不深的教师再深度引领，学不会的教师再巧导精讲。在教师的点拨引导下学会内容，领悟方法，梳理解决问题的思路，总结有效策略，这样既得法又得道。[1]

（五）领悟方法，迁移运用

领悟、总结出学法，运用所学方法进行迁移运用，学会语言文字或方法策略的运用，实现举一反三，学以致用。

综上所述，以主问题资源变革对话式的学习方式以学生为中心，创设问题情境、搭建学习支架，通过小组合作、全班讨论交流解决问题，最后领悟、总结出学法，并迁移运

---

[1] 商德远.让"学为中心"成为课堂教学的主旋律[J].小学语文教师，2017(Z1).

用。这样的学习过程,能充分发挥学生的主动性、积极性,学生在解决问题中习得阅读方法,掌握阅读策略,提升阅读能力。

三、案例与研究

主问题能串起听说读写,能将重、难点融入其中一起解决。用主问题资源变革对话式的学习方式,可以让学习真实地发生。下面我以《半截蜡烛》一文为例进行阐述。

《半截蜡烛》写的是二次世界大战期间法国伯诺德夫人一家三口与德国军官斗智斗勇的故事。伯诺德夫人把装着情报的小金属管藏在半截蜡烛中,万一蜡烛燃烧到金属管处就会自动熄灭,秘密就会暴露,情报站就会遭到破坏,同时也意味着他们一家三口生命的结束。

本课的教学目标是:

知识与技能目标:品味文中的词句,体会"轻轻""从容""镇定"等词语在句子中的含义。

过程与方法目标:有感情地朗读课文,初步学习概括课文的主要内容。

情感、态度与价值观目标:学习伯诺德夫人及其儿女的机智勇敢和强烈的爱国主义精神。

我的操作方法如下。

(一) 创境:抛出主问题

教学这一课时,我首先运用媒体资料,创设了这样一个情境:二次世界大战结束之后,法国总统戴高乐为普普通通的伯诺德夫人一家颁发"国家最高荣誉奖章"。然后问学生:根据这个信息你想了解什么?学生马上提出问题:法国总统为什么把"国家最高荣誉奖章"颁给伯诺德夫人?围绕这个主问题又生发出一串问题:伯诺德夫人一家做了什么了不起的事?他们一家三口是怎样保护秘密情报的?半截蜡烛有什么特别之处?为什么要把绝密情报藏在半截蜡烛中?把绝密情报藏在半截蜡烛中会有什么危险呢?

对学生的问题进行梳理,见表 5-1-1。

表 5-1-1　学生问题梳理表

（主问题）法国总统为什么把"国家最高荣誉奖章"颁给伯诺德夫人？	伯诺德夫人一家做了什么了不起的事？	梳理问题：这两问是围绕伯诺德夫人一家的行为提问的。
	他们一家三口是怎样保护秘密情报的？	
	这半截蜡烛有什么特别之处？	梳理问题：这三问是关于半截蜡烛的。
	为什么要把绝密情报藏在半截蜡烛中？	
	把绝密情报藏在半截蜡烛中会有什么危险呢？	

教师创设情境来激发学生的读书兴趣，并以此为切入点引导提出问题。主问题为学生搭建起一个自主读书、自我领悟的平台。

（二）方法：搭支架助力学习

根据学生的问题，我设计了学习任务，以学习任务单和小贴士的形式搭起支架，让学生在组内学习。学习任务单见图 5-1-1。

学习任务单
1. 用"绝妙""绝密"，说一说半截蜡烛的秘密。
2. 正确朗读课文，借助表格说一说母子三人为保护绝密情报的做法和结果。

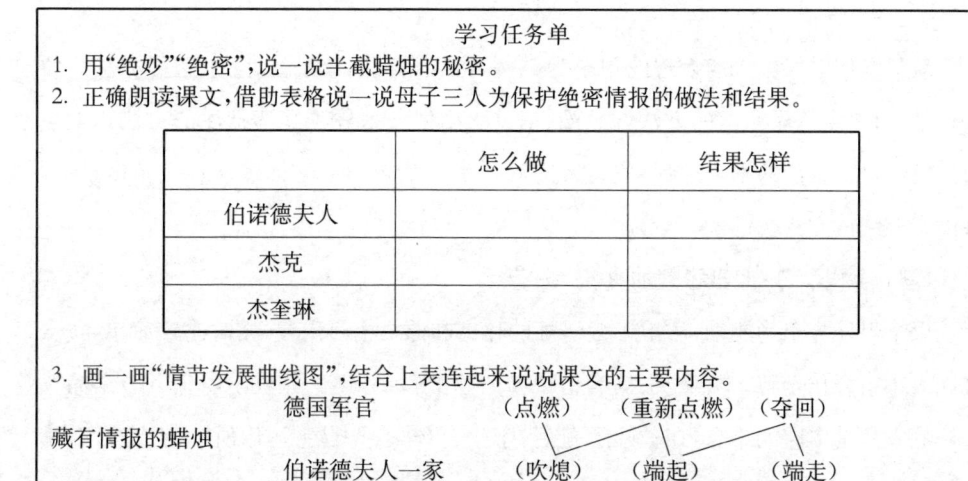

	怎么做	结果怎样
伯诺德夫人		
杰克		
杰奎琳		

3. 画一画"情节发展曲线图"，结合上表连起来说说课文的主要内容。

德国军官　　（点燃）　　（重新点燃）　（夺回）
藏有情报的蜡烛
伯诺德夫人一家　（吹熄）　　（端起）　　（端走）

图 5-1-1　学生学习任务单

借助学习任务单，学生轻轻松松就能说清半截蜡烛的秘密，能概括伯诺德夫人一家三口的行为，进而概括课文的主要内容。这样，学习任务单成了梳理文章思路的思维支架,以此进行语言表达训练。

　　本课教学目标第一条要求品味文中的词句,这是学习新的阅读方法,需要教师示范演示。教学时教师以伯诺德夫人的表现为例示范,指导学生如何品读批注。先画出伯诺德夫人的表现的语句,圈出能反映人物品质的关键词语,然后想想她为什么这么说、这么做,感悟人物的品质,写下批注,从中感受伯诺德夫人的机智与镇定。教师示范之后让学生借助老师的"温馨小贴士",同桌合作学习杰克的表现,最后独立研读杰奎琳的表现。"温馨小贴士"见图5-1-2。

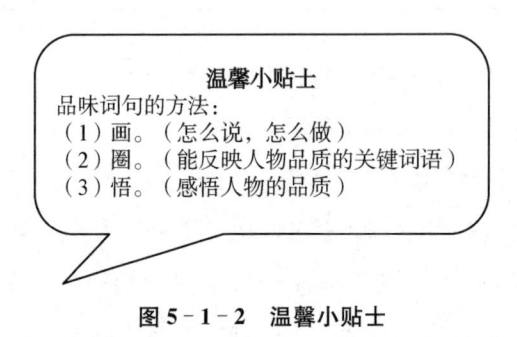

温馨小贴士
品味词句的方法:
(1)画。(怎么说,怎么做)
(2)圈。(能反映人物品质的关键词语)
(3)悟。(感悟人物的品质)

图5-1-2　温馨小贴士

　　教师以伯诺德夫人的表现的句子为范例,指导学生品读批注,学生习得方法后便合作学习、自主运用所学的方法:画、圈、悟。学生由此掌握了品读批注的方法。学生通过"教—扶—放"的学习过程,领会阅读写人类文章应该圈画什么、从什么角度批注,进而掌握阅读方法。

　　(三)合作学习:擦出智慧的火花

　　以学习任务单为驱动,了解半截蜡烛的秘密和课文主要内容,相对比较简单,我安排四人小组合作学习,学生能根据表格说清人物的行动,逐一完成学习任务。学品读批注的方法是本课的难点,在教师示范后,学生合作学习、自主运用所学的方法,在小组的讨论和交流中不断修正自己的观点,对品读人物品质的方法也由模糊走向清晰。

　　(四)全班交流:把思维引向更深处

　　全班讨论交流是对小组学习情况的检查。围绕学习任务单进行全班讨论交流,用"绝妙""绝密",说一说半截蜡烛的秘密,概括伯诺德夫人一家与敌人周旋的方法,发现文章表达上的一波三折等,学生交流时发言积极,可见合作学习的效率较高。而品读批注,因是新学的阅读方法,学生还有困难,需要教师点拨,如:杰克明明已经知道行动失败了,为什么还从容地搬回一捆木柴,生了火,默默地坐着?抓住"从容""默默",交流时让学生进一步思考,并最终感受到为了不暴露秘密,杰克当时的沉着与机智。而为什么杰奎琳的请求会获得成功?合作学习时学生未触及,全班交流时就让学生从课文中找找依据。学生在关注杰奎琳的神态、语言等关键词句后各抒己见,思维在交流中碰撞出新的火花,从而体会杰奎琳在危急时刻的机智与勇敢。

(五) 迁移:领悟方法,学以致用

领悟、总结了品读批注的方法之后,我让学生写一写法国总统戴高乐为伯诺德夫人一家颁发"国家最高荣誉奖章"的颁奖词。课后还可以补充课外阅读材料进行品读批注的迁移运用,实现举一反三,学以致用。

此案例中,我设置问题情境,把学生带入深层次的课堂学习活动中。以学习任务单和小贴士为学习支架,给学生绘制了一张学习地图,让学生一步一步经历学习的过程,再进行全班交流,在解决问题中习得阅读方法,达成教学目标。学生在一个个可操作实践的活动任务中,思维和语言得到了发展;在真正经历的学习过程中,阅读品质得以提升。可见主问题资源的运用作为一种教学策略,能为学生的学习活动指明一条切实有效的路径,引领学生运用适切的学习方法学习,从而达成学习目标。

四、研究结论

运用主问题资源作为教学策略,可以充分发挥教师和学生的主动性和创造力,推动学生进行有深度的思考和探究,切实提高学生的表达能力和阅读实践能力,实现开放而有效的语文阅读。

(1) 从学生的角度说,学生运用主问题资源进行学习,能引发深度思考;根据教师提供的学习支架在小组内合作学习,经历阅读、思考、实践、反思、改进、提升的过程,在一次次的学习实践中发展语言,提高能力,提升语文素养。

(2) 从教师的角度说,以主问题资源变革对话式学习的方式,即以问题为导向、教师为主导、学生为主体,改变了以往以教定学的被动教学模式,创造了以学定教、学生主动参与、自主协作、探索创新的新型学习模式。

  实践证明,运用主问题资源学习,有利于激发学生的学习兴趣,培养学生分析问题、解决问题的能力,提高学生自主学习及与他人协作的能力。

  最后,值得一提的是,主问题应当能触及阅读教学的核心目标,能激发和推进学生主动活动。如果主问题较浅显,不需要学生通过合作学习就能轻而易举地获取正确答案,那就没有学习的意义了。此外,要注意利用主问题进行教学的课堂管理问题:合作学习时课堂较为开放,学习方式更"活"了,这一"放"一"活"往往就不好"收"。

(撰稿人:孙华芳)

第二节

问题链与表达学习

看图写话是小学低年级学生进入高阶段写作的基础,也是小学低年级最重要的写作形式,目前,"一看、二想、三说、四写"是看图写话的基本学习路径。但是,实际学习过程中,学生的学习模式单一,思维训练强度低,而以问题链资源变革写话学习顺应时代需求,"以学生的问题为起点、学科的问题为基础、教师的问题为引导"[①]。从图片内容出发,围绕"写什么""如何写"两个方面展开追问,从而形成问题链,进而以此展开看图写话教学,优化课堂生态,提升学生写话能力,培养学生达到解决问题的学习层次。

一、理论与依据

学生基于语文学科特征,借助自主提问撬动语文写话课堂,通过不断追问、改进,最终形成自我问题链,这样的个性化学习路径有其较深的理论支撑和科学依据。

(一) 理论依据

荀子云:"知而好问,然后能才。"可见,学习需要好问。低年级的学生好奇心强,天生就是问题王,提问符合该年段学生的天性。提出问题是解决问题的先决条件,美国著名教育学家杜威认为:所有年级和所有课程都要采用问题解决的方法。加涅提出:

---
① 王达,张嬿,王晓荣.小学语文问题化学习课堂实践手册[M].上海:华东师范大学出版社,2018.

解决问题的学习，即学会运用原理解决问题，是八类学习层次中的最高级。学习者在采用解决问题的方式展开写话练习时，勾连自我经验，调动个人主观能动性，有利于自我学习方法的形成和高阶思维的训练。此外，认知建构主义认为：教师是学生学习的促进者。启发学生独立思考是培养小学生内部言语能力的重要方法，而以问题资源展开的写话学习最终指向的就是学习者独立思考的能力和自主学习的能力。

（二）研究依据

2014年《教育部关于全面深化课程改革落实立德树人根本任务的意见》提出："将相关学科的教育内容有机整合，提高学生综合分析问题、解决问题能力。""教育部将组织研究提出各学段学生发展核心素养体系，明确学生应具备的适应终身发展和社会发展需要的必备品格和关键能力，突出强调个人修养、社会关爱、家国情怀，更加注重自主发展、合作参与、创新实践。"2019年6月23日《中共中央国务院关于深化教育教学改革全面提高义务教育质量的意见》也提出：教师要引导学生主动思考、积极提问、自主探究。这正是问题链资源下学习写话所追求的目标。

以问题资源开展写话教学，要求学习活动以学习者对问题的自主察觉与提出为开篇；要求学生用有层次、可拓展、可持续的问题系统贯穿学习过程；要求学生通过系列问题的解决，达到学习的有效迁移，实现写话策略的连续构建。[1] 需要学生结合自身生活经验，自主提出问题、合作完善问题、通力解决问题，亲身体验知识的建构和生成，从而促进学生真实问题解决能力的培养。

二、操作与方法

"思维自疑问和惊奇开始。""问"是思维的导火索，以问题资源变革写话学习方式，通过教师引领示范、评价激趣，学生合作学习、个性化再创的方式推进，循序渐进，努力让学生善问、学问、会问；最终让学生在各阶段逐步形成自我写话的问题模式，举一反三，语言表达能力与思维能力共进。

---

[1] 张红玉. 问题化学习在高中数学教学中的应用研究[D]. 苏州大学，2018.

(一) 引领示范,模仿提问

模仿是人类一切学习的开始,低年级学生的写话训练也从模仿开始。写作训练主要解决"写什么"和"怎么写"两个问题。"写什么"主要解决写话的内容;"怎么写"主要解决写话策略、谋篇布局、遣词造句。对低年级学生而言,更侧重"写什么"的问题。

结合预习单,勾连阅读和写话教学。在写话教学环节,从已学课文入手,由思作者写什么、怎样写,到学作者的方法写。在展开看图写话教学前,教师寻找已学文本中与目标写话内容或结构相似的部分,针对已学片段设计预习单,设置问题化学习的相关作业,让学生自由提问,生成教学资源。在写话训练最初阶段,围绕记叙文的六要素,课堂以师生问答为主,在互动回答的基础上,教师提炼写话训练中问题的初步分类,即:围绕六要素提问、抓关键词提问、围绕人物情绪变化提问。在学生熟悉写作要素后,课堂开始逐步向学生模仿提问方向展开。届时学生可以通过模仿教师提问、学习同学提问、教师引导等方式来尝试自己提问。

学生在模仿学习中不断将教师和他人的经验转换为自己的经验,不断完善自我内部认知结构,这是由外而内的内化过程。

(二) 评价激励,激趣提问

好奇是天性,提问是本能,兴趣是老师。兴趣是基于获得某方面知识或参与某种活动而使人体验到情绪上的满足。在教学实践中,注重学生在学习中顿悟的快感,让学生获得成功的体验,能很大程度激发学生提问和写话的兴趣,从而提升学生的思维品质。

营造自由安全的提问环境。心理上的自由和安全是学生愿意提问的基础,也是学生提问兴趣养成的关键。对于不敢提问和表达能力差的学生,教师要多等待、多倾听、多鼓励、多尊重。教师流露出对学生的理解与尊重,学生才更愿意融入提问环境。

多形式鼓励提问。写话课中,教师开展如"我爱提问""我会提问""金问题"等活动,对班中爱思考、会提问的学生进行语言激励、物质奖励、精神鼓励,不断激发学生提问的积极性。

巧用班级圈,师生共评。学生完成初稿后,将习作上传至班级圈,结合课堂中大家的头脑风暴,学生间自查、互查,并以大家"夸一夸""给建议"的方式进行二次修改,在增强自信心的同时,学习修改写话内容的方法。教师则从学生习作中寻找共性问题,进行自我问题化学习反思,即:学生的共性问题是什么?为什么会出现这个问题?怎样解决?并积极做出下一次看图写话教学重点内容的调整。

创设提问情境。低年级写话主题一般基于学生的生活经历,教师利用课间或体活课为学生创设课上相似的情境,这样学生就不会畏惧提问,能率性提问。长此以往,学生会慢慢养成有疑就问的习惯。

(三) 合作学习,完善提问

问题资源来源于全体学生,学生个体差异大,关注点不同,学习层次不同,所提出的问题也就五花八门。写话指导课上,教师基于学科特点和当堂写话内容,指导学生观察图片内容,引导学生借助六要素进行基本问题提问,学生在提问中生生追问或自我追问,在追问中完善问题,最终形成有层次的问题链。有些追问指向写作目的,有些追问指向主旨中心。接着围绕学生的问题系统,教师请学生开展两两问答学习或小组合作学习,讨论问题的取舍和问题的排序,最终形成问题网和提纲,梳理写话内容,在解决问题中发现新问题。

以问题变革写话学习方式,考虑到低年级学生的心理特点,教师由扶到放,阶梯式地进行问题化学习指导,教学生细心观察、勤于思考,使学生以提出问题到解决问题的模式,进行写话能力的培养,不断进行学习迁移,逐步养成自主学习能力。

三、案例与研究

上述是我在"问题资源模式下的写话教学"中的实践操作方法概述。"最有意义的学习是在做中学。"下面以部编版语文二年级第一学期《植树》看图写话案例片段为例,展开具体叙述。

(一) 引领示范,模仿提问

在日常教学中,预习单上设置"我爱提问"一项作业,在提示中做引导示范,并在课上进行重点反馈。在教学《植树》看图写话前,选取与植树主题相关的课文《邓小平爷爷植树》,阅读教学和写话教学相勾连。教师通过提问"谁植树?""邓小平爷爷在干什么?"等问题,教学生朗读断句,在此基础上,请学生学着老师的样子,针对课题进行提问。学生提问:邓小平爷爷什么时候植树?邓小平爷爷为什么植树?邓小平爷爷是怎么植树的?他种的是什么树……通过这样的示范与模仿,学生就能清楚了解,在提问时可以围绕"何时、何地、何人、为何、如何、若何"来进行,即围绕六要素进行提问。同时,借助课文插图,教师围绕邓小平爷爷的心情和动作进行提问,引导学生关注人物心情、动作,如:邓爷爷心情如何,从哪里看得出来?他是怎样植树的……帮助学生读懂文本的同时,示范针对图片主要人物进行提问。在教学《植树》写话时,我再请学生针对题目《植树》进行提问,如:

生1:谁在植树?他们种的是什么树?

生2:什么时候植树的?为什么要植树?

生3:怎么植树的?

生4:种的树后来怎么样了?

……

学生已有提问的经验和一定的方法,课堂生成的问题资源就很丰富,学生也就有话可写。

(二) 评价激励,激趣提问

首先,课前布置预习作业:请同学们仔细观察图片,并针对题目《植树》和图片进行提问,比一比谁提的问题多。"比一比"的方式能激发孩子的胜负欲,进而让孩子更细致地观察与思考,更愿意去提问。课上,对预习作业进行班级共评,评出"问题大王",并对"问题大王"进行奖励,为追问环节打好基础。而"金问题"活动则贯穿整节课,如"图中主人公怎样植树的?哪些内容需要详细写?为什么他们要植树"等,针对图片细节以及图片主题和中心的提问都是金问题,对高质量问题的提问者给予"金问题"的好评,并将"金问题"发布到班级圈内,既是一次何为"金问题"的示范,也是一种对学生的无形激励,能提升他们的自豪感,激发他们提问的兴趣和动力。

(三) 合作学习,完善提问

在对学生问题进行汇总后,教师追问:"我们重点写哪部分内容呢?"学生回答:"我觉得'两个小朋友是怎么植树的?'应该重点写,因为《邓小平爷爷植树》就是这样的。"

接下来,我请学生四人一小组,对小朋友们植树的过程进行追问。问题如下:

生1:小女孩和小男孩分别做了什么?

生2:他们先做了什么,又做了什么?

生3:为什么小女孩笑眯眯的?

生4:他们有没有遇到困难?怎么解决的?

生5:他们会想写什么?

……

在不断地追问下,学生围绕课题和图片所提出的问题丰富多彩,此时,我再次将写话教学与阅读教学进行勾连,出示问题汇总和《邓小平爷爷植树》原文,请学生对比课文和自己的提问,教师给予提示。学生提问:为什么课文里不是把每个问题都进行回答?学生讨论后,得出结论:不是所有问题都是有用的,看图写话还需要讲究谋篇布局,讲究详略得当。在此基础上,教师再请学生两两一组,对这些问题进行删减、归类、排序,逐渐形成各自的写话提纲,最终落笔成文。

问题资源的生成主要源于学生的提问,教师引领示范提问需要渗透在日常课堂中。学生按照以上三步,在教师引导和同学合作中,逐渐形成问题意识,形成提问、追问的学习模式,从而提高自我学习力。

四、研究结论

学生以问题为抓手,联系自我生活经验、勾连阅读和写话学习,举一反三,逐渐形成自己学习策略,这是本研究的目标之一。本次基于"以问题资源变革写话学习方式"的实践和研究,得出以下结论:

以问题资源展开写话教学有助于学生养成善观察、勤思考的习惯。在写话过程中,只有学生留心浏览要求、细心观察图片内容,才能提出有价值的、核心的问题,从而形成问题链。在此方式下,学生继续不断思考,才能完善问题链。

以问题资源展开写话教学有助于培养学生思维系统的多维性。在提问、追问过程中,学生不断探究,围绕问题成文的过程同时也是收集和处理信息的过程。语文学科较强的人文性特征让写话主题有广度、有深度,在要与其他学科相融合时,学生在班级提问氛围中就可以扩宽思维的广度、加深思维的深度,逐渐形成高阶思维,从而助力学生言语表达能力的提高。学生经过一系列的引导,写话不再寥寥数语,基本能利用六要素将一件事写完整,并有意识地在事情经过上开动脑筋,努力对人物心情、每个动作时的神情或姿态进行描述,写话内容变得更具体。

同时,实践中也需注意以下三点:一是写话材料的选取要贴近学生生活;二是教师在实践中要遵循学生年龄发展特点,循序渐进、由浅入深地开展问题解决思维的培养;三是注意写话的篇幅不宜过长,以免学生疲劳。因此,在问题资源模式下的写话教学,更倾向于培养学生的问题意识和问题思维,不宜贪多、贪全。

(撰稿人:杨敏)

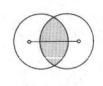

第三节

图形资源与观察学习

在美术教学过程中,写生是培养观察能力的高效途径。局部观察可以帮助观察者发现观察对象的更多细节特征与结构关系。整体观察可以帮助观察者迅速建立对观察对象的第一印象,观察时主动忽略细节部分,着眼于物象大的构成关系。写生训练的重要目的之一就是将学生习惯性的局部观察转向整体观察,使学生的观察点从局部转向全局,并通过基本图形概括的方法,让学生掌握整体观察的表现方法。

一、理论与依据

《义务教育美术课程标准(2011年版)》中,对于一至二年级在"造型·表现"学习领域的阶段目标是:尝试不同工具,用纸以及容易找到的各种媒材,通过看看、画画、做做等方法大胆、自由地表现所见所闻、所感所想,体验造型活动的乐趣。

小学中低年段的学生,他们的思维与想象都具有跳跃性的特点,他们习惯将观察到的事物与主观思想相结合,而美术作品却与客观对象的真实性有一定的差距。

在美术学习过程中,写生扮演着举足轻重的角色。专业的美术工作者,在绘画练习中也接受了大量的写生训练,写生训练可以提高学生的观察能力与造型能力,从而有效解决绘画中"看"与"画"的问题。本文将重点分析小学阶段写生教学中的观察方法与应用,通过小学美术教学合理设计教学活动,让学生在形式多样的写生活动中感受"看"与"画"。

二、操作与方法

写生的观察方法有很多种,例如:整体观察、局部观察、对比观察、细微观察、感受观察,等等。其中在小学阶段最常用的有两种,即整体观察与局部观察,接下来将结合上教版一年级第二学期"正面的头像"一课,具体谈一谈整体观察与局部观察的作用。

(一) 局部观察

局部观察也称分解观察,观察者把观察侧重点放在组成人或物的某一个细节局部。局部观察可以帮助观察者对观察对象有更深入的了解,可以发现观察对象的更多细节特征与结构关系。虽然局部观察有很多无法代替的优势,但是在观察的过程中,过度依赖局部观察会产生很多弊端。

缺乏系统美术学习经历的人,会将局部观察作为自己的主要观察方法,观察对象时经常会专注于事物的细节之美,并将事物的局部细节观感进行整合,从而构成观察对象的整体印象。但是这种建立在局部观感整合之上的整体印象,有诸多片面与不完整的特性,类似于"盲人摸象"缺乏对全局的整体把握。例如在人物头像写生教学中,学生在观察人物头像时,通常会被局部五官的特征所吸引,忽视了五官与整个头像的关系。

在"正面的头像"一课中,教师设计了一个观察游戏——"猜猜我是谁",让学生对同学的局部五官进行观察,从而分辨这是谁,如图 5-3-1 所示。在这个观察活动中,

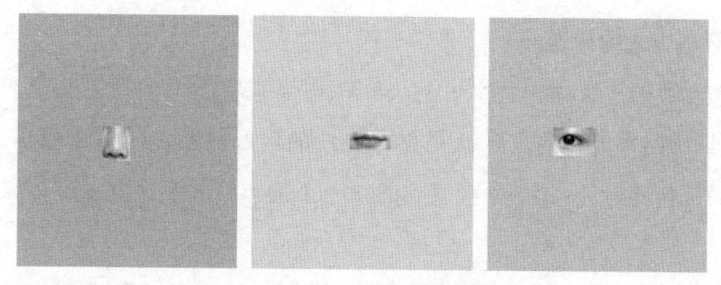

图 5-3-1　五官局部照片

即便观察者与观察对象十分熟悉,也很少有人能够通过局部观察进行人物识别。虽然学生很难进行人物识别,但是局部观察五官的组成结构与局部特征都得到了提炼与总结,所以局部观察对于学生来说有利有弊。

(二)整体观察

整体观察与局部观察相反,是把组成人或物的细节局部联系起来观察,形成对事物的整体认识。整体观察可以帮助观察者迅速建立对观察对象的第一印象,观察时主动忽略细节部分,着眼于物象大的构成关系。整体观察对于把握事物最根本、最重要的整体关系有着重要意义。同时,作为一种最重要的观察方法,在写生教学中有着举足轻重的作用。

整体观察与局部观察最大的不同就在于观察的侧重点,通俗地讲局部观察是看事物的某一细节局部,整体观察是看事物的整体全貌。

对没有经过美术学习的学生而言,整体观察存在一定的难度。整体观察的难点在于观察的全局性,抛开事物烦琐的细节局部,从物象的整体造型入手。整体观察也并非完全排斥细节局部,而是将细节局部放到整体中对比着去观察。例如我们在进行头像写生的时候,画头发时要注意下巴的位置,画眼睛时要注意眼睛与整个头部的位置关系,画鼻子时要考虑到鼻子与其他五官之间的关系。整体观察时要不断移动自己的视点,做到观察的每一个点都建立在整体的基础之上。

在"猜猜我是谁"环节中,教师选用了一张局部五官遮挡的学生照片,让学生通过图片猜一猜这是谁,在这一环节中,所有的同学都能够分辨出照片中的人物是谁,经过这一教学实验活动学生们初步感受了整体观察,发现了整体观察与局部观察的不同之处。

(三)观察方式的转变

在美术学习的过程中,写生练习是培养、提高观察能力的高效途径。对于学生而言,写生训练的重要目的之一就是将习惯性的局部观察转向整体观察,使学生的观察点从局部转向全局,让学生观察到的每一个细节局部都建立在整体结构的基础之上。

当学生面对一个新的观察对象时,经常会习惯性地观察局部细节特征,陶醉于对象的细节之美,忘记了细节之美是建立在整体的结构关系之上的。从局部观察到整体观察方法的转变过程中,首先要让学生意识到整体观察的普遍性与重要性,并非只有在写生绘画的过程中才会运用整体观察,其实生活中处处有整体观察。

例如:在观察树的时候,先看到的是树的整体外形结构、树冠与树干的整体关系,而并非先看到树的一片叶子和树皮上的纹理,这就是整体观察;在光线昏暗的路上,迎面走来了一位熟悉的朋友,我们不需要看清楚他的五官与细节,通过观察他的整体外形很容易就能够辨认出是谁,这就是整体观察。生活中运用整体观察的地方比比皆是,只不过学生并没有把这种观察方式加以提炼与研究,所以在美术学习的过程中,要把整体观察的方法进行归纳与总结,主动转变自己的观察习惯,当运用整体观察的方法去面对世间万物时,可能会发现事物更多有趣的方面。

(四)整体观察方法的养成

当学生知道了整体观察的基本概念与方法后,教师就需要考虑如何从整体观察转化为整体表现。对于小学低年级的学生而言,他们的观察与表现更偏向于主观。通过观察提炼自己感兴趣的有特征的部分,然后进行主观加工创作,这是小学低年级的学情特征。

小学低年级写生的教学要建立在孩子的年龄与学情特征基础之上,培养学生的整体观察与整体表现,当然这里的整体观察与表现并非以客观写实为唯一评价标准,画得"像"不一定就是好。学生的写生练习,要始终建立在整体的基础上,以整体为导向进行观察与表现,至于最终的作品与现实的距离,不作为评价的主要依据。

三、案例与研究

接下来以观察方式的转变为例展开论述。在"正面的头像"一课中,学生通过"猜猜我是谁"的教学活动,已经知道了整体观察的概念与基本方法。在从"眼"到"手"的过程中,需要一个通过"基本图形"进行简化概括的步骤。这里的基本图形指的是圆形、方形、三角形、梯形、菱形、椭圆形等学生能够接触到的最简单的图形。当学生运用整体观察的方法观察人物头部外形时,主动忽略局部轮廓的起伏变化,此时可以运用整体观察与概括的方法将头部外形概括为椭圆形。表现在画面上的人物头部外形也应该有椭圆形的特征,但是每个人物的头部外形轮廓又有所不同,例如人物的头部有方、圆、上大下小、上小下大等不同特征,但是这都不影响整体轮廓接近椭圆形的一般规律。

在表现人物五官时,整体观察与基本图形概括表现的方法同样适用。眼睛可以概括为椭圆形,鼻子可以概括为三角形,嘴巴可以概括为半圆形或椭圆形,耳朵也可以概括为半圆形。在整体观察的基础上,对局部五官进行基本图形的简化概括,这种方法非常适合小学低年级的学生,对于降低人物头像写生的难度也有帮助。如图5-3-2所示。

图5-3-2 五官的基本图形简化

四、研究结论

(1) 利用基本图形进行简化概括。写生训练的重要目的之一就是将学生习惯的局部观察转向整体观察,使学生的观察点从局部转向全局,并通过基本图形概括的方法,让学生掌握整体观察的表现方法。

（2）利用整体观察与基本图形相结合的方法进行写生练习。通过写生教学,让学生尝试站在整体的视角进行写生练习,从而建立学生的整体意识、全局观念。

以上是笔者对用图形资源变革写生教学方式的研究,在小学写生教学中,我们要注重对学生观察方法的培养,让学生初步理解整体观察与局部观察的不同作用。

当然,在实际绘画中,学生应该灵活运用基本图形进行画面表现,不可死板地套用此种方法。

（撰稿人:尹巡伟）

第六章　解构性资源：不断完善个体知识的意义

解构是意义的不断生成转换，又不断消解与建构的过程。解构性资源，首先是能引起学生原有认知结构发生调整和改变的新知识，它与原有知识结构相关联却又有所差别，足以打破学生的原有认知结构。解构性资源能够体现出强大的开放性和无终止性，具有一定的创新性。解构性资源为学生学习的发生提供可能，促使学生通过"解构——建构——再解构——再建构"的循环往复，不断完善个体知识的意义。

- 第一节　任务资源与自主学习
- 第二节　绘本资源与故事学习
- 第三节　作业资源与创新学习

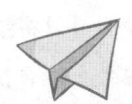

解构主义理论中的"解构"这个术语来自海德格尔,即把建构起来的东西拆解。德里达发展了海德格尔的理论,认为"解构"就是对建构起来的东西进行拆解,即拆解一切看似凝固不变的观念、概念、定义和理论体系。[①] 学生的学习就是一个不断解构的过程。学生在已有经验的基础上,不断通过同化、顺应等认知活动,以新信息打破原有的知识结构,进而形成新的知识结构的过程,就是学习真正发生的过程。学生在接收到新信息时,如果能将其纳入头脑中原有的知识结构中,就实现了知识的同化;如果不能用原有的知识结构来同化新的刺激,这时便要对原有的知识结构进行修改或重建,使其与新知相结合,赋予新知识以新的意义,这样就实现了知识的顺应。无论是同化还是顺应,都是要打破原有的知识结构,也就是解构。解构的发生,意味着学习的发生有了可能。我们说"不破不立",在这里指的就是解构与建构的关系:解构是建构的前提,所有的建构都是在解构的基础上实现的;建构是解构的必然归宿,解构的最终结果是走向新的建构。

学习既然是一种建构活动,那么必然离不开解构活动。通过"解构——建构——再解构——再建构"这样循环往复的过程,学生的个体知识得到更新并被赋予新的意义。这个过程中,能够提供用以支持学生解构性学习的资源至关重要,我们可以将这类资源称为解构性资源。解构性资源应具备这样的特征:它首先是能引起学生原有认

---

① 张庆熊.在与现象学的对照中解析德里达的解构主义[J].哲学动态,2021(2).

知结构发生调整和改变的新知识,它与原有知识结构既相关联却又有所差别,足以打破学生的原有认知结构。同时,它应该还能够体现出解构的两大基本特征,即开放性和无终止性,并具有一定的创新性。

第一节

任务资源与自主学习

数学是一门逻辑性与知识性并重的学科,在传统教学模式中经常出现教师将概念性的知识内容告知给学生,学生被动地接受知识,通过套用公式的方法来解决问题的情况,长此以往,学生的数学思维无法得到有效提升。任务作为一种课堂学习资源,可以转变传统教学模式,提升学生的自主学习能力,发展学生的数学思维。因此,我们对课堂任务资源进行了初步的教学探究与实践。

一、理论依据

戴维·梅瑞尔提出了五项首要教学原理:①当学习者在真实的任务情境中进行学习时,学习将得到有效促进;②当学习者的相关知识经验被激活时,学习将得到有效促进;③当向学习者充分地展示论证新知识技能时,学习将得到有效的促进;④当学习者应用新获得的知识和技能时,学习将得到有效的促进;⑤当学习者将新知识和技能整合到日常生活中时,学习将得到有效的促进。梅瑞尔指出,以"任务为中心"是首要教学原理的核心,其他四个教学阶段必须围绕着以任务为核心展开。[1]

《义务教育小学数学课程标准(2011年版)》倡导学生进行自主学习,指出"学生是

---

[1] 石娟,邹霞,李阳阳. 首要教学原理中"任务中心"教学之特征及价值[J]. 现代中小学教育,2012(10).

学习的主体,教师是学习的组织者、引导者与合作者"。培养学生的自主学习能力,使学生学会学习,是数学教学的重要目标之一。要学生主动参与学习过程,关键是要教给学生学习的方法和策略,为学生提供自主学习的平台,使其能逐步掌握正确的思维方法去解决问题,这样才能使其成为学习真正的主人。《义务教育小学数学课程标准(2011年版)》中强调数学教学要引发学生的数学思考,指出:"教师要发挥主导作用,处理好讲授与学生自主学习的关系,引导学生独立思考、主动探索、合作交流,使学生理解和掌握基本的数学知识与技能,体会和运用数学思想与方法,获得基本的数学活动经验。"

任务资源对学生培养自主学习、独立思考的能力,以及利用已有知识经验解决问题的能力等具有重要意义。

二、操作与方法

任务资源为学生的课堂自主学习提供方向和路径,好的课堂学习任务能够精准把握学情、找准教学目标、合理设置任务、积极引导评价,从而有效变革学生的自主学习方式。

(一) 精准把握学情

学情分析是设计学习任务的基础和落脚点,只有结合学生现有的知识体系和生活经验,才能激活相关知识,有效促进学习。教师需要分析学生已具备的知识经验和能力水平等;需要预估学生在理解新知容易出现的误区和障碍;还要着眼于学生的最近发展区,为学生提供带有一定思维含量的内容,从而调动其积极性,发挥其潜能,达到下一发展阶段的水平。[1]

(二) 找准教学目标

教学目标是课堂教学活动的"指引图",决定着课堂的走向,具有举足轻重的作用,因此目标的设定应具有科学性、可行性、导向性、生成性等特点。在整合教材编写思路和内容、认真研读各指导性文件、准确把握学生实际情况之后,才能定准教学目标,为

---

[1] 王敏敏. 关注逻辑 立足结构 落实素养[J]. 中学数学教学参考,2021(20).

后续任务的设计提供保障。

(三) 合理设置任务

目标定位明确后,要将其细化为一个个相互联系、层层递进的学习任务,同一个目标下可以设置一个或多个任务,这些任务搭建起整节课的学习支架,满足学生进行自主学习的需求。任务设置不仅要关注教学目标的达成,也要针对教学中的重、难点进行探究,既要能激发学生的学习兴趣,也要满足不同层次学生的需求。例如可以采用针对不同的学生设置不同的任务、同一个任务对不同的学生提出不同的要求等方式。任务的呈现可以通过学习单的方式,用纸质文本代替教师的口头要求,任务结果的展示与交流也可多样化,可以采用个别发言、小组展示或集体交流的方式,使每位学生都有展示和应用新知识的机会。

(四) 积极引导评价

任务资源引领课堂教学,让学生成为学习主体,但教师在课堂上仍要注意正面引导,鼓励学生自主探索,倡导不同的想法,展现多样的问题解决方式。遇到简单问题时,能给予学生积极评价,增强学生的学习兴趣与自信;遇到较难问题时,能助学生一臂之力,让学生的思维更上一个台阶,促进任务的顺利解决。

综上所述,任务资源是一种教师依据教学目标和学生认知水平设计的旨在引导学生自主学习的课堂任务文本,是教学活动的载体,不仅能有效促进教学目标的达成,还能关注学生知识获取的整体过程,具有探究性、多样性、层次性和趣味性等特点。

三、案例与研究

根据上述研究内容,我们以沪教版数学二年级第二学期"几何小实践"单元的"角"一课为例来说明上述四个过程。

(一) 课始检测,分析教材学情

从整个小学阶段来看,学生在二年级第一学期初步接触了"角与直角"的概念,知道角由一个顶点和两条直边组成,并能用直角量具规范地测定和判断直角。本册教材从滑滑梯情境中抽象出角,通过与直角的大小比较来揭示锐角、钝角的特征,并在后续学习中让学生得出"角的大小与边长无关"这一特点。在后续四年级第一学期,学生将进一步认识角,了解动态的角的定义,能用量角器量出角的大小,并按要求画出角。

课前,我们对两个班级共 67 名学生进行了课始检测(见图 6-1-1)。

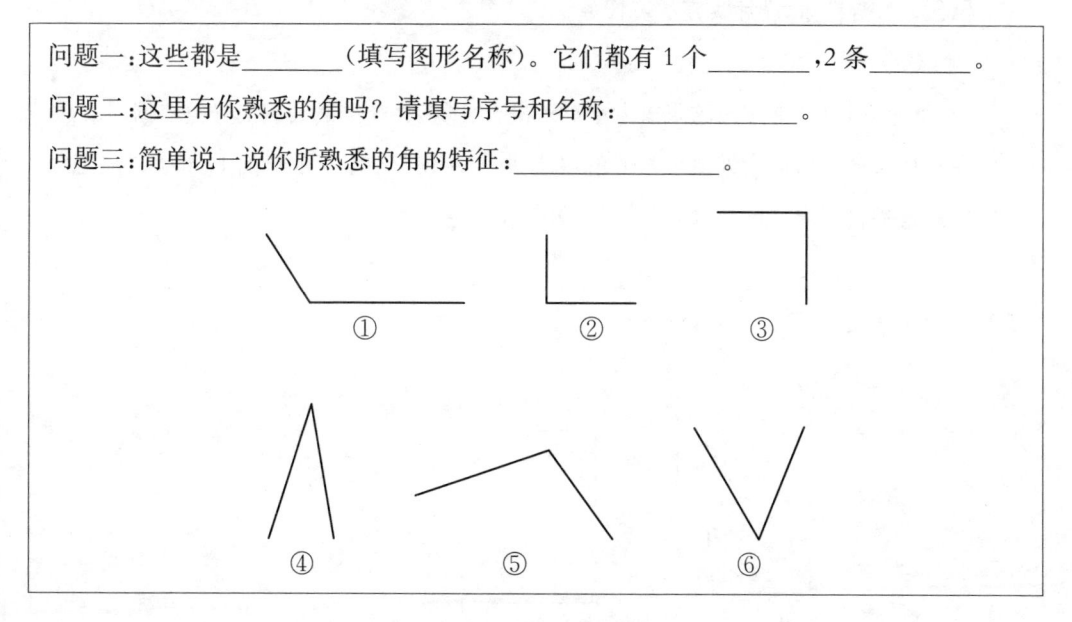

问题一:这些都是_____(填写图形名称)。它们都有 1 个_____,2 条_____。
问题二:这里有你熟悉的角吗?请填写序号和名称:_____。
问题三:简单说一说你所熟悉的角的特征:_____。

图 6-1-1 课始检测

其中,有 95.5%的学生对角与直角知识掌握得较好;有 26.9%的学生能分辨出尚未学习的锐角与钝角,但这里大部分学生描述的特征是"小的角""尖的角"是锐角,"大的角"是直角,有 3 名学生在课外进行提前学习,写出"小于 90°"的角是锐角,"大于 90°"的角是钝角。可见,一部分学生对即将学习的知识处于一知半解状态,对正确的概念较为模糊,而绝大部分学生只能分辨出直角与非直角两类。

(二) 基于学情,设计目标及重、难点

基于本课的内容设置及学生的现有认知水平,我们制定了如下学习目标:①能按角的张口大小对角进行分类,并能准确表达出分类依据;②在直角的基础上辨认锐角和钝角,能用自己的语言准确地描述锐角和钝角的特征;③通过观察与讨论等活动,体验和领会角的大小只与两边叉开的程度有关,而与边的长短无关;④通过观察、比较、操作等数学活动,养成仔细观察的学习习惯,进一步建立空间观念,学会与他人合作与交流。教学重点:建立锐角和钝角的概念,能正确辨认出直角、锐角和钝角。教学难点:体验和领会角的大小与两条边叉开的程度有关,与边的长短无关。

(三) 依据目标,设计实施学习任务

1. 任务一

根据教学目标"能按角的张口大小对角进行分类,并能准确表达出分类依据"设计任务一:从滑梯图情境中抽象出 6 个角,并制成卡片放置在学生的桌面上,请学生先独立分类,再进行小组交流。(如图 6-1-2 所示)

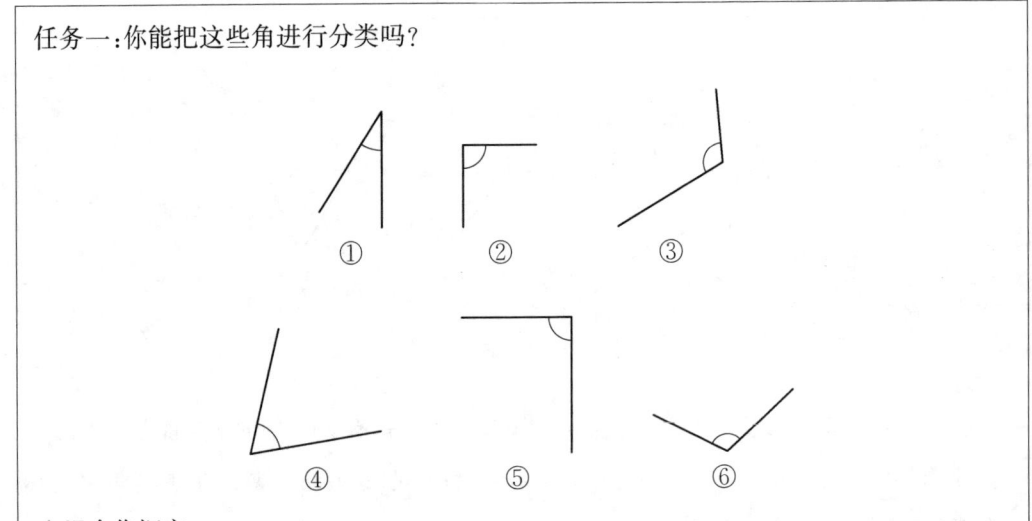

任务一:你能把这些角进行分类吗?

① ② ③

④ ⑤ ⑥

小组合作探究:

先独立动手分一分,再与伙伴说一说:这些角可以分成几类? 你为什么这样分?

图 6-1-2 任务一示意图

以往,锐角、钝角的引入是由教师在多媒体出示不同大小的角之后提问"这些角有什么特点?",学生观察并回答"有的角比直角小,有的角比直角大"后,教师直接指出"像这样比直角小的角叫锐角,钝角比直角大"。课堂停留于教师说,学生听、记的传统模式。

在本节课上,学生通过操作活动,对 6 个角进行开放式的分类探索。最初大部分学生只能将这些角分为"直角"与"非直角"两类,在进一步的小组和集体交流中,学生开始思考"不是直角的角"是不是可以继续分类,分类的标准又是什么。即时产生的问题引导他们发现用点对点、边对边的操作方法可以将这些角和直角进行开口大小的比较,二分法逐渐细化为三分法;教师在最后总结锐角及钝角的名称。在整个活动过程中,学生通过发现问题、解决问题、归纳概括,加深了对锐角、直角、钝角概念的理解。此外,由于开放式的分类活动没有分类要求,若是独立完成,无法让个体产生更多思考,利用小组同学的智慧进行探究性学习,可以解决个体存在的问题,让思维的火花提前在组内迸发。教师只需进行引导点拨,即可达成预设目标。

2. 任务二

根据教学目标"在直角的基础上辨认锐角和钝角,能用自己的语言准确地描述锐角和钝角的特征"设计任务二。(如图6-1-3所示)

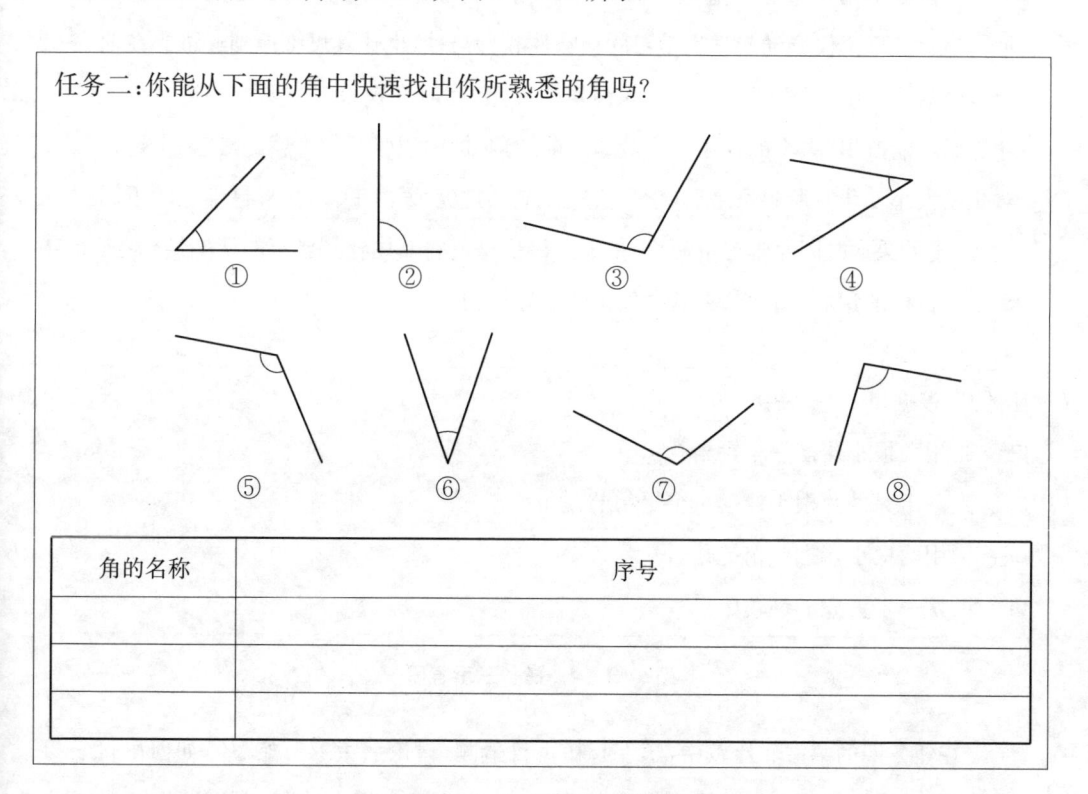

任务二:你能从下面的角中快速找出你所熟悉的角吗?

角的名称	序号

图6-1-3 任务二示意图

任务二看似简单,不同学生却有着不同辨认角的方法:有的学生对每个角都进行测量验证,虽然细致认真,但花费时间较长;有的学生知道锐角与钝角特点后,通过目测迅速判断,于是出现将8号角归为直角的错误。在集体交流阶段,学生对这一错误提出疑问,引发思考"什么样的角可直接判断?什么样的角需要测量验证?",最终归纳并优化出辨认角的类型的方法。教师鼓励学生在解决问题时要选择合理简便的方法,同时要养成仔细观察的学习习惯。通过对这一任务的操作与讨论,学生不仅有效达成教学目标,同时突破了本节课的教学重点。

3. 任务三、任务四

根据教学目标"通过观察与讨论等活动,体验和领会角的大小只与两边叉开的程度有关,而与边的长短无关"设计任务三、任务四。

每位学生用2根相同蓝色小棒、2根相同红色小棒完成任务三(如图6-1-4所示),整个过程不仅调动起学生学习的趣味性和参与性,也让其思维得到递进。在前三个口令的操作中,学生巩固了锐角和钝角的特点,同时发现只要将两根小棒合得比刚才更紧就能摆出"更小的锐角",不破坏之前的角,把两边张开拉大就能摆"一个钝角"。对角的大小变化有所感悟之后,学生快速并成功地完成了口令4。来自学生的不同想法,形成了课堂的即时学习资源,学生通过讨论交流将其内化到已有的认知结构中,推动学习目标的达成,而教师在其中仅起到引导作用。

任务三:根据口令,摆一摆

口令1:用两根小棒摆一个锐角。

口令2:拿出另外两根小棒摆一个更小的锐角。

口令3:用两根小棒摆一个钝角。

口令4:摆一个更大的钝角。

图6-1-4 任务三示意图

在任务四的第一轮比较中,学生起初盲目猜测,讨论后大家开始思考如何更科学地进行比较,在将两个角重叠比较后发现两个角竟然一样大。在第二轮比较中,学生学会了先观察两边叉开的大小,再进行猜测。在课前学情排摸中,我发现个别学生对如何比较两个角的大小有困难,课内通过同桌合作、集体交流可以有效解决这一问题,将比较任意两角大小的方法学习归于学生的自主学习中,通过"猜测——验证——归纳",学生对本节课的难点"角的大小只与两边叉开的程度有关,而与边的长短无关"有了更进一步的领悟和理解,有效激活了思维,实现了能力提升。

任务四:红、蓝角之争(1)

小兔欢欢和熊猫乐乐也在玩摆角游戏,他们分别摆出了一个红角和一个蓝角。

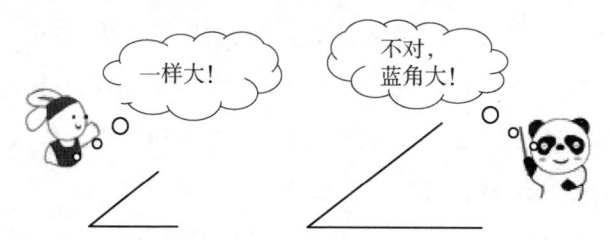

请你猜一猜:谁说的对?

同桌交流:说一说你是怎么比较的。

红、蓝角之争(2)

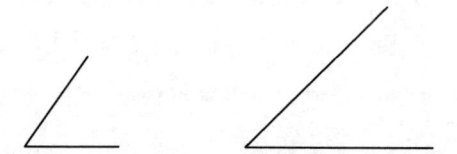

小兔欢欢和熊猫乐乐又摆出了一个红角和一个蓝角,请你再来比一比这两个角的大小。

我发现:_____

图 6-1-5　任务四示意图

四、研究结论

通过研究与实践,我们发现利用任务资源能培养学生以下自主学习能力。

1. 主动善问能力

由于任务的层次性，学生在交流过程中会激发出不一样的想法，如主动提出与本课有关的问题，对错误答案的批判质疑，或是对新方法的思维碰撞。教师把提问的时间和空间留给学生，既能让一般水平的学生解决问题，又能促进思维活跃的学生表达并发现新的问题，从而培养学生主动善问的能力。

2. 思辨明理能力

在传统师生问答的学习方式中，如果某位学生回答正确，教师会继续教学流程，难以发现其余学生的思维误区。课堂任务中具有开放性和探索性的问题情境，能将学生的思维外显化，对任务的操作或解答就是学生完整的思考过程。在进一步的小组合作探究和相互交流中，学生用简练的数学语言表达自己的观点，同时从他人的解答中发现不同的思考过程，进而在批判与质疑中对自己的想法进行完善与修正，这就是思辨明理的过程，也是自主学习的过程。

可见，在课堂上教师应给予充分的时间让学生根据一个或多个任务进行思考探索，通过独立探究、合作交流等方式将被动学习变为主动获取，从而为学生的自主学习提供支架。

研究注意点：一是任务的设计要充分考虑每一位学生的已有知识经验和可能遇到的问题，仅从教师的角度考虑教学将无法达到指导学生自主学习的目的。二是任务作为达成教学目标的具体活动，不要使学习内容习题化，把探究活动变成习题演练无法提升学生的数学思维。

（撰稿人：沈怿）

第二节

绘本资源与故事学习

"绘本"一词来源于日本,英文名为"picture book",指的是文字和图画相辅相成的图画故事书,用于表达特定情感或主题,是透过图画和文字这两种媒介在两个不同的层面上交织、互动来讲述故事的一门艺术[①];英语绘本就是用英语来讲述的图画故事书。绘本里面的图画生动有趣、色彩丰富,既有故事情境的凸显,又有人物细节的特写,特别适合英语启蒙阶段的小学生进行阅读。那么如何有效地利用英语绘本资源,让学生在故事学习中提升自己的综合语言运用能力呢?

其实,在我们现有的英语教材中,可以发现很多语言简单、情节有趣的故事,只是有些故事的插图相对来说比较单一,不能较好地激发学生的学习兴趣;有些故事的内容相对比较零散,缺乏有趣的故事情节;而有些故事的内容较少,没有形成一个完整的故事情境。因此,为了更好地帮助学生在学习语言的过程中提升观察力、丰富想象力以及开拓思维空间,教师可以在教学设计中,选取、改编或创编贴合教材故事内容的绘本来辅助英语故事教学。

一、理论与依据

《义务教育英语课程标准(2011年版)》在"语言技能分级标准"的二级标准中明确

---

① 彭懿. 图画书:阅读与经典[M]. 南昌:二十一世纪出版社,2006.

要求:"能听懂简单的配图小故事","能在教师的帮助和图片的提示下描述或讲述简单的小故事","能借助图片读懂简单的故事或小短文","能在教师的帮助下表演小故事或小短剧"。由此可见,故事教学在小学英语阶段尤为重要,而绘本中鲜艳明亮的色彩图画能帮助学生更好地听懂、读懂故事内容,简短精准的英语句子能更好地辅助学生描述故事或进行故事表演。

(一)理论基础

《义务教育英语课程标准(2011年版)》要求教师创造性地开发和利用现实生活中鲜活的英语学习资源,积极利用音像、广播、电视、书报杂志、网络信息等,拓展学生学习和运用英语的渠道;对于小学低年级的学生,教师更应注意使用丰富多样的教学资源,使教学内容、形式与过程更为直观、生动、形象,以适应儿童的认知特点。而英语绘本有优美的画面、简单的情节、押韵的语言、丰富的寓意等,能更好地辅助英语故事教学。小学生对于英语绘本中的构图有着天然的兴趣,因大部分插图是由知名画家进行设计的,画面非常和谐,色彩也比较鲜明,可以给人一种愉悦轻松的感觉;同时,图画之间关联性极强,这些图画对内容的表现也比较直观,有利于学生对知识产生深刻的理解。①

英语绘本是一种以精美的图画和简洁却内涵丰富的文字为媒介,向读者讲述具有一定情感、主题故事的读本,与纯文字相比,更具形象性、生动性、多元性。图画不是对文字的补充,它有自己独立的价值和功能。而且英语绘本中的语言简练生动,复现率高,能帮助学生更好地理解故事情节和运用语言,从而提高学生的阅读理解能力和语用能力。其次,大多数绘本通常具有反复或押韵的句型特点,朗朗上口的绘本句型能激发学生学习英语的自信心,提高学生学习英语的兴趣。图与文的交相呼应,能更好地将生动的场景展示给学生,从而达到表情达意的功能。②

(二)研究依据

根据课标的要求,我们不难发现,英语绘本正是教材故事的补充或延伸,它能美化

---

① 吴晓蓉.浅谈小学英语绘本教学的意义和策略[J].读天下(综合),2018(14).
② 耿丽丽,曹姗,王玮祎,王英钥.基于多元智能理论的小学英语绘本阅读教学探究[C]//《教师教育能力建设研究》科研成果汇编(第九卷).中国管理科学研究院教育科学研究所,2018.

原本教材中的故事,优化原本教材中的故事文本,让故事教学变得生动有趣,让学生在感知、理解、模仿、交流的过程中学习语言、运用语言。

英语绘本作为故事教学的一种资源,能更好地让学生在绘本中理解语言、体会语言。同时,绘本中的人物情感及其相对应的语音语调能帮助学生更好地理解故事情境,让学生在视听、模仿、表达的过程中,发展综合语言运用能力,是优化传统故事教学的一种有效尝试。同时,绘本中图与文的巧妙结合能帮助学生理解故事的深意,提高学生的观察力和联系上下文理解偏难词汇的能力。而且,绘本的改编或续写能发展学生的想象力和创造力。因此,我认为绘本资源能有效变革故事学习的方式,提高学生的综合语言运用能力。

二、操作与方法

既然绘本资源能有效变革故事学习的方式,提高学生的综合语言运用能力,那么,教师如何在故事教学中,巧妙地使用绘本资源来提升学生的综合语言运用能力呢?

(一)精选绘本教材,激发学生学习兴趣

受到内外部环境的影响,小学生的实际学习能力不同、兴趣点不同,在英语绘本的运用中,教师要尽可能收集丰富的绘本资源,通过仔细的比较和研究,对绘本进行分类;同时,教师可以从兴趣、难度、延伸性等多个角度调查学生的学情,然后为学生选择适合他们的绘本,为学生有针对性地选择学习资源。[1] 例如:2BM4U2 单元主题是"Mother's Day",那么教师就可以选择有关妈妈的英语绘本来构建母亲节与生活中妈妈的关联。同时,绘本的内容应该要体现妈妈对我的爱和我对妈妈的爱,这样才能更好地激发学生的学习兴趣。因此,我们可以选择绘本故事《我的妈妈》(*My Mum*),绘本中的图片向我们展现了一位伟大的妈妈,学生在阅读绘本的过程中感受妈妈的爱。我们还发现,绘本最后一页宝宝与妈妈相拥的画面让学生回忆起了自己和妈妈相处的快乐时光,进一步激发了学生对妈妈的爱。

---

[1] 吴晓蓉.浅谈小学英语绘本教学的意义和策略[J].读天下(综合),2018(14).

（二）整合绘本内容，提升学生语用能力

绘本只有为教学内容服务，才能提升学生的语用能力。因此，教师可以深入了解英语绘本的内容，然后对其进行整合和重组。整合后的绘本内容语言支架清晰且有逻辑，学生可以在图片、语言结构的帮助下，进一步理解故事内容。同时，学生也可以借助图片、板书等描述故事或者进行故事表演。例如：4AM2U3 单元主题"I have a friend"中"Read a story"板块"The lion and the mouse"，教师可以结合本单元的核心句型"He/She has..."让学生在原有教材内容的基础上，介绍狮子和老鼠的外貌特征，开拓学生的思维能力，让学生在描述的过程中提升自己的语用能力。

（三）改进教学方式，发挥学生主体地位

教师可以在使用绘本的过程中，改变传统的单向模式，通过阅读、理解、表演、复述等的方式，引导学生在愉快的氛围中理解、运用英语；同时，教师可以采用泛读、精读、速读等阅读方式引导学生对英语知识进行自主探究，发挥学生的主体地位。

（四）加强师生互动，构建高效课堂

在教学中，师生互动的效果决定着教学的质量。教师在运用绘本开展教学时，不断关注学生的阅读感受，及时调整教学策略。比如在学生泛读、精读、速读的过程中，教师可以关注学生的阅读情况，及时地给予学生帮助；学生在描述故事或表演故事前，教师可以带领全体学生回顾故事内容，帮助学生厘清故事框架，从而更好地运用语言。

三、案例与研究

（一）激发学生学习兴趣

为了更好地激发学生的学习兴趣，我们在选择绘本时，可以挑选一些色彩鲜明、凸显人物特性的图片，让学生在阅读绘本的过程中，感受人物的特性以及故事的情境。例如，在牛津英语上海版一年级第二学期 M3U2 "Weather"的课堂教学中，执教者收集了一些优质的绘本资源，通过仔细的比较和研究，确定了本课时的绘本图片。

有趣味性的故事图画吸引了学生的"眼球"，富有童趣的动画人物让学生感受到不同天气给人们带来的乐趣，学生在绘本图片的帮助下，体验不同的天气，从而学习与运

用语言。

（二）提升学生语用能力

为了进一步提升学生的语用能力，教师可以在授课前认真研读教学基本要求与故事内容，充分考虑故事中的图画、文本内容以及人物情感等，然后整合故事文本内容，在原有的教材文本的基础上，加入一些人物对话或描述性文本。例如，在牛津英语上海版四年级第一学期 M2U3 "I have a friend"中"Read a story"板块"The lion and the mouse"（第一段文本）中，增加了人物之间的对话，具体文本如下：

Part 1：

Lion：I'm a lion. I'm big and strong. I have big teeth and strong arms. Look at my red bow tie and the blue jeans. So cool!

Animals：You're too big and strong. You have big teeth and strong arms. We're afraid. We don't like you.

Lion：I'm so big. But I don't have a friend. So sad!

整合后的绘本内容丰富有趣，语言支架清晰且有逻辑，学生可以在图片、语言结构的帮助下，进一步理解这个故事。狮子与小动物们的对话，让学生进一步感受角色的情感，并在角色扮演的活动中提升自己的语用能力。

（三）发挥学生主体地位

为了发挥学生的主体地位，把课堂的主动权交还给学生，教师在使用绘本进行课堂教学时，可以采用不同于以往的课堂活动来引导学生进行自主探究与学习。例如，在 5BM1U2 "Watch it grow!"中"Read a story"板块"Little Justin"的课堂教学中，教师先让学生快速观察绘本图片，找到本故事的题目。然后再让学生通过快速阅读的方式，找到故事中的人物角色（Little Justin, fish, turtle, frog）。最后，让学生通过精读的方式学习故事内容，在梳理故事框架后进行角色扮演或复述。

学生通过自主泛读、速读、精读等方式理解故事内容，在教师的引导下梳理故事框架，并在语言框架的基础上进行角色扮演或复述故事内容。

（四）构建高效课堂

诚然，绘本中的故事图画颜色丰富，故事角色生动活泼，人物对话简单且富有感情,十分符合小学生的认知能力与情感需求。但是,在实际的课堂教学过程中,教师要积极与学生建立沟通,时刻关注学生在阅读绘本时的感受,通过问答交流等,及时给予学生帮助。例如,在 5BM1U2 "Watch it grow!"中"Read a story"板块的"Little Justin"的课堂教学中,教师可以不同的问题"What does Little Justin see? What does the fish know about his mother? What does the fish/turtle have?"引导学生梳理故事脉络。在学生描述或表演故事前,教师可以利用绘本图片和故事框架带领学生回顾故事内容,从而帮助学生更好地运用语言,构建高效课堂。

四、研究结论

综上所述,教师在日常的英语故事教学中,可以选取及整合有效的绘本资源来优化教学方式,引导学生主动参与学习,从而提升课堂实效。

(1) 优质的绘本资源将语言学习融入富有趣味的故事中,优美的图画能激发学生的学习兴趣,鲜明的故事角色能为学生对故事情节的理解奠定基础,句式简单且复现率高的人物对话能提升学生的综合语言运用能力。

(2) 合适的绘本资源能改善课堂教学的方式,把学习的主动权交还给学生,让学生在自主阅读、探究的过程中,体验故事情节,感受语言魅力,提升语用能力。

但值得注意的是,教师在绘本故事的选择或创编时,一定要考虑中西方文化的地域差异。一部分教学内容很难放入适当的绘本中学习,这时候就不能强行选用绘本,避免生搬硬套给学生的学习带来困扰。

(撰稿人:朱春凤)

第三节

作业资源与创新学习

作业,作为学生课外学习的主要内容之一,是绝大部分教师和学生几乎每天都要接触的内容。学生作业时间,大约占据了学生学习时间的1/3甚至更多。[1] 由此可见,作业学习是学生花费较多时间进行的一项学习活动,那么作业的质量很大程度上影响着学生的发展。作业包括作业设计、作业布置、作业批改、作业讲评和统计分析等五个环节,其中居于核心地位的就是作业设计,它深刻影响着学生自由、全面而个性化的发展。[2] 作业作为课堂教学的延续,是帮助学生巩固课堂知识和技能的一项学习活动。

为了促进学生的作业学习,我们需要对作业设计做更加细致的研究。本文所呈现的作业资源是建立在更加科学的作业设计基础之上的,内容涵盖计算、概念与应用。

在教学中创新作业资源、变革作业学习对学生具有重要的意义。首先,有利于激发学生的学习热情。说到数学作业,学生脑子里最先蹦出来的词语就是"做题"。的确,传统的数学作业几乎都是单调的做题训练,而学生做作业的过程往往"味同嚼蜡"。兴趣是最好的老师,作业设计研究首先应关注学生的学习兴趣。[3] 其次,有利于激发学生的创新意识。《义务教育数学课程标准(2011年版)》把学生的创新意识和创新能

---

[1] 王月芬.课程视域下的作业设计研究[D].华东师范大学,2015.
[2] 杨伊,夏惠贤,王晶莹.我国学生作业设计研究70年:回顾与展望[J].教育科学研究,2020(1).
[3] 谢红芳.作业,教师献给孩子们的礼物——校本课程视域下的小学数学作业设计实践与思考[J].师道,2017(4).

力的培养提到了前所未有的高度，而在传统的数学作业中，提供给学生练习的问题大多是封闭的、定型化的，这样的作业严重束缚思维，限制了学生的眼界。因此，应创新作业形式，积极发挥数学作业对学生的创新精神培养的作用。[1] 第三，有利于提升学生的学习效果。更加科学的作业设计方法，能使数学作业的设计更符合学生的心理特征。创新作业的学习方式，尝试多种形式的作业，用多元作业评价学生，从而促进学生综合能力的发展。

一、理论与依据

作业是数学教学过程中的一个重要环节，是学生在课堂学习之外最主要的学习方式，也是检测教学效果的一个重要手段。课堂上所学的知识，要通过作业来巩固并掌握，进而转化为能力并取得进步。也就是说，作业是学生掌握所学知识、形成能力、成长进步的有效手段。[2] 不仅如此，它还能对学生的数学学习起到一个导向作用。作业过程是学生智慧、知识、能力、情感、态度、价值观最理想的生成过程和体现过程[3]，也是教师获取教学反馈信息的重要渠道。

《义务教育数学课程标准（2011年版）》提出，数学内容的组织要处理好过程与结果的关系，处理好直观与抽象的关系，处理好直接经验与间接经验的关系；课程内容的呈现应注重层次化和多样化。

二、操作与方法

本文将从创新作业资源设计的操作方法入手，明确学习水平，设定每课时的作业

---

[1] 谢红芳.作业，教师献给孩子们的礼物——校本课程视域下的小学数学作业设计实践与思考[J].师道，2017(4).

[2] 张星臣.建设特色鲜明世界一流大学人才培养的探索与实践（下册）[M].北京：北京交通大学出版社，2014.

[3] 王培峰，于炳霞.面对新课程 作业怎么做[J].科学咨询，2003(14).

目标,制定每课时的双向细目表以及规范作业评价;力求做到设计的题目与作业目标相匹配,使学生巩固所学知识、发展能力。

一遍遍地研读课程标准对教学内容的要求后我思考:作业的设计也应该和教学内容的要求相匹配,注重层次化和多样化,除了要涉及学科基础知识,还应该将知识生活化、情境化,让学生用所学知识解决生活中的数学问题,这样的作业设计才能使得学生在整个教学活动中获得最大的收益。

(一)明确课时学习水平

《上海市小学数学学科教学基本要求》按"数与运算""方程与代数""图形与几何""数据整理与概率统计"四大模块展开,每个模块均由"概述、学习内容与要求、学习指引、评价示例和拓展阅读"五个栏目构成;"学习内容与要求"板块从"知识与技能、过程与方法、情感态度与价值观"三个维度展开描述。其中"知识与技能"维度由"内容要点、学习水平、具体要求"三部分组成,对模块中所需学习的内容做了明确的学习水平要求。

"内容要点"与"学习水平"列举了小学阶段学习的基本内容及其相应的学习水平,以 A、B、C、D 来呈现,分别对应识记、理解、运用和综合。每个学习要点都有水平表现描述。

因此,在创新作业设计时,每课时的学习水平应严格按照《上海市小学数学学科教学基本要求》的要求,力求做到作业水平符合教学基本要求,构筑适合学生能力发展水平的作业设计。

(二)设定课时作业目标

以上海教育出版社编写的《数学教学参考资料》为标准,明确每单元的单元目标和每课时教学内容的三维教学目标,制定作业目标,设计与作业目标相匹配的题目,发展学生的能力。

(三)制定课时作业双向细目表

针对每课时的作业制定双向细目表是非常有必要的。首先,双向细目表是设计练习的蓝图。它使命题工作避免盲目性而具有计划性,使命题者明确练习的目标,把握试题的比例、分量,提高命题的效率和质量。其次,双向细目表对于审查试题的效度有重要的指导意义。命题双向细目表是包括两个维度(双向)的表格,反映练习内容、目标、题型与难度之间的关系等。[①]

(四)规范作业评价细则

为了更加有效地促进作业的完成效果,教师应及时、明确、有针对性地评价作业。本文主要从作业兴趣、作业习惯和学业成果三个维度对学生的作业进行评价,教师可以通过观测学生是否积极完成练习来检测学生的作业兴趣;通过作业完成速度、正确率等评价学生对知识和方法的掌握情况;根据做练习时态度是否认真、仔细,书写格式是否符合规定,以及完成后是否做自我检查、复核或者验算,来评价学生学习习惯养成的情况。根据评价结果,教师制定有效措施来引导学生养成较好的书写习惯并提高学生的注意力集中水平,促进其作业的正确率。

三、案例与研究

下面以沪教版数学四年级第二学期第二单元"小数的认识与加减法"的练习设计为例来诠释创新作业资源,从明确课时学习水平、设定课时作业目标、制定课时作业双向细目表、重视作业习惯和过程性评价四方面对学生的作业学习发挥作用,促进学生的学习。

(一)明确课时学习水平,使作业水平符合教学基本要求

本单元中的教学内容可以分为三大模块展开:小数的认识,小数的乘、除法,小数的加、减法。共包括"小数的大小比较""小数的性质""小数点移动""小数点移动在单位换算中的应用""小数点移动在大数改写中的应用""小数的加法""小数的减法"和"小数加、减法的应用"8节课时作业。《上海市小学数学学科教学基本要求》对以上8个内容要求的学习水平列举如下(见表6-3-1)。

表6-3-1 学习水平对应表

学习内容		学习水平
2.1 小数的认识	2.1.1 小数的大小比较	B
	2.1.2 小数的性质	B

[①] 胡中锋,李方. 教育测量与评价[M]. 广州:广东高等教育出版社,1999.

续表

学习内容		学习水平
2.2 小数的乘、除法	2.2.1 小数点移动	B
	2.2.2 小数点移动在单位换算中的应用	B
	2.2.3 小数点移动在大数改写中的应用	B
2.3 小数的加、减法	2.3.1 小数的加法	B
	2.3.2 小数的减法	B
	2.3.3 小数加、减法的应用	C

(备注:学习水平一共分为4级,以A、B、C、D来呈现,分别对应识记、理解、运用和综合)

明确学习水平之后,依据本课时的知识要求水平进行作业的设计。

(二)设定课时作业目标,使作业匹配教学目标

以"小数的大小比较"这一课时作业为例,本节知识内容属于"小数的认识"这一部分,根据课程标准要求,学生要掌握两个小数的大小比较方法、会比较位数不同的两个小数的大小,以及通过正确比较两个小数的大小来解决简单的实际问题。参照单元教学目标和本节课的教学目标,我将本节课的作业目标设计如下:

①学生知道小数大小比较的方法,会比较两个小数的大小。②能根据小数大小比较的方法做出相应的判断。③能在具体情境中运用小数大小比较的方法解决问题。

(三)制定课时作业双向细目表,使作业内容和能力要求更清晰

作业的难易程度直接决定了学生作业的有效性,难度过高,学生会感到迷惑不解,望而却步,作业积极性会大大降低。教师有必要针对学生的个体差异设计有层次性的作业,使每位学生都成为学习的成功者。[1] 在制定"小数的大小比较"课时的练习时,依据学习水平要求和作业目标,我制定了本节作业的双向细目表(如表6-3-2所示),从作业内容、能力描述、题量以及要求水平四个维度进行描述,使作业题型丰富、难易适中,在作业设计中更侧重学生对知识的理解与运用。

---

[1] 俞秋霞.有效数学作业的尝试[J].新课程(综合版),2016(2).

表6-3-2 "小数的大小比较"双向细目表

内容	题号	能力描述	题量	识记	理解	运用	综合
1. 比较大小	1	(1) 能正确比较相同位数的两个小数的大小。 (2) 能正确比较不同位数的两个小数的大小。	8			√	
2. 判断题	2	(1) 能知道小数大小与位数的多少没有关系。 (2) 能正确比较带有单位的两个小数的大小。 (3) 能正确运用小数大小比较的方法找出两个小数之间的数。	3				√
3. 选择题	3	(1) 能正确比较多个小数的大小。 (2) 能正确运用小数大小比较的方法找出两个小数之间的数。	2				√
4. 将下列各数按要求排列	4	(1) 能正确比较多个小数的大小。 (2) 能正确根据小数大小进行排列。	2			√	
5. 应用题	5	(1) 能在具体情境中正确运用小数大小比较的方法来解决问题。	2				√

"判断题"和"选择题"板块主要测试学生对于小数大小比较的方法概念和变式应用。"将下列各数按要求排列"板块关注学生能否掌握多个小数大小的比较。"应用题"板块主要综合测试学生能否在具体情境中运用小数大小比较的方法来解决实际问题。例如,"应用题"的第1题:

小胖、小巧、小亚进行60米比赛,小胖的成绩是8.79秒,小巧的成绩是7.89秒,小亚的成绩是8.97秒。第一名是谁?最后一名是谁?

这道题目如果学生单纯去比较8.79秒、7.89秒、8.97秒这三个数据的大小,进而得出数据大的是第一名,数据小的是最后一名,就不正确了。这题要求学生能够带入自己日常生活的经验,在跑步比赛中,同样的距离,应该是用时最少的人获得第一名,用时最多的人为最后一名,所以在比较数据之后,最小的数据对应的人是第一名。很多学生对于"比较小数的大小"这一内容掌握得很好,但是运用在实际题目当中,却经常出错,所以我设计将知识点与学生的实际生活相联系,注重知识的运用。

又比如"应用题"第 3 题：

小淘气能摘下这顶帽子么？请你具体说说理由。

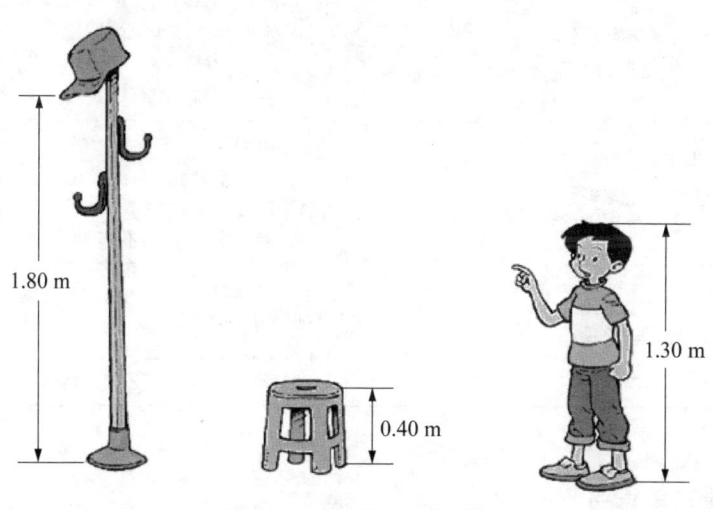

图 6-3-1　第 3 题示意图

在解决这道题目的过程中，如果学生只将小淘气的身高加上凳子的身高，会发现结果小于 1.8 米，会得到不能摘下这顶帽子的结果，但是用心观察生活的孩子会发现，我们在日常够高处的东西时，肯定会举起手臂，"小淘气的身高＋凳子的高度＋手臂的长度＞1.8 米"，所以小淘气应该是可以取下帽子的。

本文中列举的两道练习题都和生活应用相结合，考查学生对知识的运用能力，能让孩子感受到生活中处处有数学，数学知识可以运用于生活。

（四）重视作业习惯和过程性评价

学生书面完成"小数的大小比较"作业练习题。"比较大小"这一练习主要关注学生应用小数大小比较方法的能力，并检测学生比较两个小数大小的正确率和速度。所以在评价量表中我主要从作业兴趣、作业习惯和计算正确三个维度对学生进行评价（见表 6-3-3），多维度评价学生避免了我们以前单一地只从学生的作业准确率来进行评价的弊端，给予不同层次的学生信心和动力。

表 6-3-3　评价量表

评价项目	评价内容	评价标准	等第
计算正确	1. 结果正确 2. 过程清晰	A：正确率 90% 及以上 B：正确率 80%—90% C：正确率 60%—80% D：正确率不到 60%	
完成态度	1. 专注程度 2. 自觉检查 3. 在规定时间内完成	A：无须提醒 B：提醒后能做到 C：需 2 次以上提醒 D：提醒 3 次以上仍不能做到	
学习习惯	1. 打草稿 2. 自觉检验 3. 卷面整洁	A：无须提醒 B：提醒后能做到 C：需 2 次以上提醒 D：提醒 3 次以上仍不能做到	

四、研究结论与

1. 双向细目，凸显课标

依据作业内容和作业目标，制定每课时和单元卷的双向细目表，双向细目表中涵盖作业内容、能力描述、题量和能力水平，避免作业设计中的盲目性和随意性。

2. 形式多样，分层递进

根据学生的不同水平设计基础题、变式题和实践拓展题，使不同层次的学生都能获得成功、快乐的体验。例如在"小数的大小比较"中我们设计了这样三个层次的题目：在比较小数的大小时，由小数部分位数相同递进到小数部分位数不同；接着，提升难度，在 4 个小数中选出最小数，学生必须选择先比较哪两个；最后，将 4 个小数按顺序排列。分层递进，使学生进一步巩固小数的大小比较方法。

3. 实际问题，灵活解决

在设计练习时紧贴学生的学习、生活环境，使他们体验数学与日常生活的密切联系，并尝试从数学的角度，运用所学的数学知识和方法进行分析、推理、判断或计算来解决生活中的实际问题。例如前文所述的"小淘气摘帽子"问题。

4. 图文并茂，灵活思辨

如在"小数的大小比较"中，根据作业目标，我们设计了如图 6-3-2 所示的题目。

这是小壮、小明、小亚、小巧 50 米跑的成绩。但他们成绩单上的一些数字被■不小心弄脏，看不见了。现在只知道他们的名次，你能知道他们的成绩分别是多少吗？

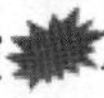

第一名小明	1■．４９秒
第二名小亚	1１．４８秒
第三名小壮	１１．■８秒
第四名小巧	１１．５■秒

图 6-3-2 题目示意

此题属于逆向思考，关键是明确谁比谁快、谁比谁慢，学生思辨之后，根据小数的大小比较的知识和生活经验进行正确的解答。

5. 分层评价，注重品质

为了提高学生综合素质，促进学生全面发展，我在作业中加入评价，不仅重视结果评价，还设计了多维度评价操作系统，涉及"学习成果达成度、完成态度、学习习惯"三个维度和"A、B、C、D"四个等级，并从"评价内容""评价标准"等方面来阐述其操作细则。除此之外，还在题目中设计分层评价和分步评价。

在创新作业设计时，要注意结合学生的年龄特点、已有的知识储备和认知规律，采用收集优选、改编重组、互逆变式、针对易错易混题进行自编等方法，使学生在巩固数学知识的同时掌握数学思想方法，在解决问题的同时提升数学思维能力，在应用知识的同时培养数学思维品质。

（撰稿人：蔡慧敏）

第七章　策略性资源：学会学习的知识与工具

　　策略性资源是能为学生的学习提供策略指导与借鉴的资源，其主要载体是策略性知识。策略性资源的运用，就是要为学生的学习提供知识载体与认识工具，教会学生习得与运用策略性知识，使学生学会高效学习、记忆和思维的技能，培养其"学会学习""实践创新"的素养。教师要将自己的教学策略作为主要的资源，引导学生通过观察、操作练习，将教学策略与自己的学习策略相结合，形成适合自己的学习方法和策略。

- 第一节　器材妙用与操作学习
- 第二节　群文资源与阅读学习
- 第三节　板书资源与建构学习

策略性资源,在本研究中是指能为学生的学习提供策略指导与借鉴的资源,其主要载体是策略性知识。策略性知识是关于"如何学习、如何思维"的知识,是调节自己的注意、记忆、思维的能力的知识。它是一种程序性知识,回答的是"怎么办?怎么做?"的问题;它是一种可以操作的知识,其实质是用来指导个人怎样学习、记忆及思维的规则和程序。策略性知识有助于学习者学会学习、记忆和思维,是发展人的智力的核心部分[①],也是培养学生"学会学习""实践创新"素养的关键所在。

教师要运用策略性资源,为学生学会学习提供知识载体与认识工具,教会学生习得与运用策略性知识,使学生找到解决问题的一般方法和技巧,学会高效学习、记忆和思维的技能,成为能够自我调控和自主学习的人。在教学中,教师作为教学主体,是学生模仿学习的天然范例,可以作为学习资源直接对学生的学习产生影响。特别是教师的言行举止,教师在教学中使用的教具、采用的教学策略,都可能成为学生进行策略性知识学习的内容。作为学习者,学生可能意识不到这一点,所以需要教师在教学中有意识地引导学生注意观察教师使用的教学用具、采用的教学策略,并在方法上指导学生尝试将教师的教学策略与自己的学习相结合进而形成适合自己的学习方法和策略。教师在进行方法、策略的指导后,还要为学生提供操作练习的机会和材料,直至其熟练掌握并能自觉运用,让这些策略真正变成学生习得的技能。

---

① 皮连生.论智力的知识观[J].华东师范大学学报(教育科学版),1997(3).

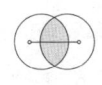

第一节

器材妙用与操作学习

体育器材是体育课不可或缺的教具,是提高教学质量的基础条件,也是丰富练习的重要载体。上海市教委提出"小学体育兴趣化"的课程改革实施方案,对体育器材的使用带来了更大的挑战。小学体育课堂教学中有效利用体育器材,对提高学生的学练积极性,培养其运动兴趣和提高其课堂参与度,都有积极的意义。作为一线体育教师,如何有效利用体育器材,成为亟待解决的问题之一。

一、理论与依据

皮亚杰认为,儿童的认知是按阶段逐步发展的,各个阶段之间的发展是有序的、连续的,其中,各个阶段都有各自的特征,特征存在差异。小学阶段学生处于具体运算阶段,具体运算阶段指儿童的思维运算必须有具体事物的支持。[1] 小学体育课堂中,体育器材是必备的教具,学生对器材的兴趣较高,器材的有效使用能够提高学生的练习兴趣和课堂参与度,促进学生对技能的掌握。

随着经济和社会的快速发展,学校体育的教学观念和教学实践也要适应现代社会发展需求。上海市教委提出"小学体育兴趣化,初中体育多样化"改革方案。"小学体育兴趣

---

[1] 龙红存.基于皮亚杰认知发展理论的小学英语绘本阅读教学特点分析[J].考试周刊,2020(35).

化",将学生运动兴趣的培养推进大众视野。随着改革的深入,体育功能的多元化、形式的兴趣化、内容的多样化以及体育教师的引领性,都成为学生对体育学习的需求。兴趣化教学改革是对体育教师的挑战,教师对改革的认识、理解和驾驭能力直接影响着课程改革的成效。笔者针对小学体育教师在兴趣化改革背景下有效利用体育器材提高课堂教学实效的实践,进行总结与思考,为广大教师有效利用器材实现兴趣化提供新思路和新对策。

二、操作与方法

根据学生的认知心理特点,在体育课堂中,教师多提供体育器材能够提高学生对体育器材的使用率,提高学生的课堂参与度;巧用体育器材能够开发体育器材的不同运用功效,提高课堂教学实效;改进体育器材能够更好地解决教学重、难点,提高学生的动手及动脑能力。

(一)多用体育器材

注重器材一物多用,提高器材使用率。教师要善于发现体育器材的不同运用形式,开发体育器材的不同运用功效,为学生的体育锻炼增添新意,使学生对体育课堂充满期待,激发学生的学练兴趣,提高课堂的有效性,实现体育课堂兴趣化。[1]

(二)巧用体育器材

每一种体育器材都有其专门的用途和使用方法,但鉴于各种器材所特有的外观造型和制作材料等,其实它们还能发挥出独特的作用。[2] 教师要充分考虑学情,乐于开发体育器材的不同运用功效。巧用体育器材,能够有效解决重、难点,增强学生对技术动作要领的理解,提高学生的运动技能,丰富练习方法;循序渐进的学练能增强学生的学练兴趣和自信心,提高课堂练习效果。

(三)改进体育器材

教师要敢于根据教学内容、学生学情改进或者制作体育器材,从而有效完成教学

---

[1] 饶清.小学体育器材一物多用的方式探究[J].新课程(小学),2016(12).
[2] 贺双龙,彭玉凤.巧用体育器材进行身体放松[J].田径,2010(9).

目标。但改进的器材要易操作,并且没有安全隐患。通过改进器材和自制器材,增强学生的动手操作能力,提高学生的学练兴趣,更好地激发学生的体育活动激情。

三、案例与研究

(一) 体育器材多用,实现"小学体育兴趣化"

体育器材是体育课堂的载体,多用体育器材可有效提高学生的学练兴趣,实现兴趣化。在"前滚翻分腿起"一课中,先利用海绵垫进行踏板操热身,通过垫子小游戏过渡到主教材的教学;主教材教学中通过变换海绵垫的折叠方式,让学生循序渐进地进行前滚翻分腿起的学练;综合活动中利用海绵垫制作障碍,让学生在快速奔跑中完成拼图任务;最后,让学生在海绵垫上进行简单的拉伸放松。在"跳上成蹲撑—起立前跳下"一课中,围绕跳箱设计有趣的热身游戏,让学生充分、有针对性地热身;主教材教学中通过变换跳箱的高度和垫子的摆放方式,让学生循序渐进地进行学练,有效完成教学目标;综合活动中,给跳箱装轮子,让跳箱动起来,提高学生的学习激情。在"前滚翻分腿起"教学中,通过不断降低海绵垫的坡度,来增大练习难度,让学生通过四层、三层、两层、一层海绵垫开展循序渐进的学练,丰富手段方法的同时提高课堂教学实效。

(二) 体育器材巧用,有效解决重、难点

巧用体育器材可以有效解决教学重、难点,提高学生对技术动作的认识与理解。在"屈体悬垂"教学中,通过大腿托海绵球练习解决了"大腿与地面平行"的教学重点;另外,通过悬垂托小球至10秒、15秒的小任务和"小达人"比赛,学生进行有效的自我评价,既增强了挑战欲望,又增强了对技术动作的理解。

在"跑几步单脚起跳越过一定高度的橡筋"教学中,利用到了标志杆和彩带:学生助跑单脚起跳冲破彩带,双脚落地屈膝缓冲。该环节中学生的练习激情高涨,充分融入了课堂,提升了课堂活跃度。

在"前滚翻"一课中,利用呼啦圈、纸片来提高学生的运动技能,通过下巴夹纸片的动作提示学生收紧下巴;利用呼啦圈来增强学生对"团身紧"和"快速收腿"技术要点的理解。在"跳上成分腿立撑—起立前跳下"教学中,利用弹力带和海绵垫来解决本节课

的重、难点，通过提臀触碰弹力带的动作，提示学生提臀分腿；在竖箱两侧放海绵垫，让学生循序渐进地进行学练，逐步解决"直腿侧分"的技术难点，增强学生挑战的信心。

在"立定跳远"一课中，利用学生制作的硬纸盒和橡皮筋来解决"蹬地有力"和"蹬摆结合"的重、难点。通过立放和平放硬纸盒，提示学生起跳的高度与远度。通过前后放置一定高度的橡皮筋，引导学生手臂前摆和后摆的幅度，做到蹬摆协调用力。

在"30米快速跑"一课中，利用绳梯和阻力伞来增加练习手段与方法。绳梯提高了学生的跑步频率，阻力伞有效地增强了学生的腿部力量。绳梯比赛和阻力伞接力赛大大提高了学生的学练积极性，增强了学生的小组合作意识，提高了课堂教学的效果。

在"投掷轻物"教学中，提供特制的黏性粘板给学生练习投掷，通过投掷5米、8米、10米等距离的小任务，提高学生的挑战欲望和课堂活跃度。

（三）体育器材改进，提高课堂教学实效

小学生有着活泼好动的天性，对新鲜事物充满了好奇，又有着丰富的想象力及创新意识，教师可在课堂上正确引导学生发挥其动手能力和思考能力。

在"花样跳绳：交互跳"教学中，学生的长绳上装有小铃铛和小彩灯，会发光、会发声，有效提高了学生的学练兴趣。

在"支撑与移动"教学中，小板车是本节课的主要器材，学生通过脚撑板车手爬行的方法来进行支撑移动。通过一系列的挑战训练学生爬行的灵活度、远度等，培养学生的体育运动兴趣。

在"屈体悬垂"教学时，由于悬垂架的高度不能调节，不利于分层教学，于是组织引导学生动手操作改进器材，成功将固定高度的悬垂架改为可升降调节高度的悬垂架，不仅能够有效地进行分层教学，而且仅一个悬垂架就完成了直体悬垂、仰卧悬垂、屈体悬垂等多个教学内容，充分提升了器材的利用率。

在"攀爬"一课教学中，引导学生自制多功能攀爬梯，通过不断变化攀爬梯的造型，让学生尝试多种形式的攀爬，进一步强化学生的"三点固定一点移动"。

在"跳上成蹲撑一起立前跳下"一课中，为了让学生更好地参与课堂，带领学生一起给笨重的跳箱装上轮子，让跳箱移动起来；综合活动中学生利用移动的跳箱"运输物资"，气氛极其活跃，学生不仅提高了动手操作能力，还增强了小组合作意识。

四、研究结论

有效利用器材不仅能够满足小学体育教学的需求,更能提高学生的体育活动兴趣,让体育课堂兴趣化、生动化、活跃化、多样化。有效利用器材能够解决教学重点、难点,增强学生的运动技能;丰富手段方法,提高课堂实效;激发学生的学练兴趣,提升课堂品质。因此,体育教师必须重视开发器材的使用方法,增加体育课的娱乐性和趣味性。

1. 选用器材教学,应符合运动规律,注重安全

体育与健身的教学宗旨是促进学生的身心全面发展,为此在选择器材上优先考虑的是安全性,要注意稳定性、牢固性,降低危险系数。[①] 另外,体育器材的选用要根据教学内容、符合运动规律,能够有效解决教学重、难点,提高学生的运动技能,促进学生的身心发展。

2. 选用器材教学,应适合学生身心特点,注重合理

选用器材辅助教学要注重合理性,器材的使用方法要简单有趣,符合学生的身体年龄特点,使学生喜欢使用器材辅助练习。小器材的选用要符合体育教学特点,为教材教法服务;能根据技术动作特点,帮助学生解决技术重、难点。

3. 选用器材教学,应贯穿课堂始终,注重多用

体育课堂教学中,选用辅助教学的器材种类不宜太多,要根据教学内容有针对性地选择器材。教学器材的选择关键是对教材的认识、对动作的理解以及对器材的熟悉程度。充分发挥器材的价值,利用多变的器材提高学生的课堂参与度,做到一物多用并贯穿整个课堂。

(撰稿人:王凯)

[①] 陈岩."自制小器材"在小学体育课堂教学中运用的实践探索[J].当代体育科技,2017,7(21).

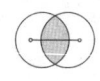

第二节

群文资源与阅读学习

"群文阅读"是指围绕着一个或者是多个议题选择一组文章,之后教师和学生围绕议题展开阅读和集体建构,最终达成共识的过程。[①] 具体来讲,群文阅读就是阅读内容实现由单一文本向多文本的有机转变,使得阅读教学的内容更具开放性,学习的形式也改变了以往的单向输入,转变为群体性的参与,实现教师与学生之间学习集体构建,进而实现知识的多元化教学。[②]

一、理论与依据

群文阅读可以有效地提高学生的阅读量、阅读速度和阅读能力,对激发学生阅读的兴趣有积极的推进作用。

(一)理论基础

结构主义(Structuralism)教学理论以结构主义教育理论及皮亚杰结构主义心理学为理论基础,对当代国际教学理论及实践有重要影响。

布鲁纳认为,任何一门学科都有一个基本结构,即具有其内在的规律性,反映了事

[①] 于泽元,王雁玲,黄利梅. 群文阅读:从形式变化到理念变革[J]. 中国教育学刊,2013(6).
[②] 刘会平. 小学群文阅读课堂教学的策略研究[J]. 教育教学论坛,2016(17).

物间的联系,包含了"普遍而强有力的适应性"。不论教什么学科,都必须使学生理解该学科的基本结构,而学科的基本结构即各门学科的基本概念、基本原理和规律。布鲁纳指出,在教学中,不仅要让学生掌握一般理论,还要培养他们对学习的态度、对推测和预测的态度、对独立解决问题的态度。[1] 在引导学生进行群文阅读的过程中,借助此理论来采取合适的策略,就能起到提升学生阅读能力的作用。

(二) 研究依据

《义务教育语文课程标准(2011年版)》指出:"要重视培养学生广泛的阅读兴趣,扩大阅读面,增加阅读量,提高阅读品位。提倡少做题,多读书,好读书,读好书,读整本的书。关注学生通过多种媒介的阅读,鼓励学生自主选择优秀的阅读材料。加强对课外阅读的指导,开展各种课外阅读活动,创造展示与交流的机会,营造人人爱读书的良好氛围。"

二、操作与方法

学生的阅读学习时间有限,内容有限,而群文阅读是一种能提高效率的阅读方法。以一系列体裁相同、内容结构相似的阅读文本,让学生习得阅读方法和思路,这样可以有效地锻炼学生的阅读能力,尤其是阅读速度,同时,还能够极大地提高学生的思维灵活性和敏感性。教师在实施群文阅读教学时,可参考以下几种方法。

(一) 主题引领,文本整合

在主题的引领下,将不同的文本关联起来,使分散的文本得以整合,从而引导学生通过群文阅读,掌握同一主题文本的阅读方法。主题的提炼不拘一格,例如,我们可以按照素材提炼主题,将描写自然景物的文本组合成群文,也可以按照文本表达的情感、表现的内容等组建群文。[2]

(二) 关联文体,巧妙组合

我们要坚持以教材为本的群文阅读教学思想,充分发挥教材内文本的载体效应,

---

[1] 李定仁.教学思想发展史略[M].兰州:甘肃教育出版社,2004.
[2] 仇晓华.深度学习视域下的群文阅读教学探究[J].语文天地,2020(9).

寻找教材内文本之间的关联性,从而在深入解读教材的基础上,根据文本之间的关联性,因文制宜地组建群文。①

(三)比较阅读,课内外关联

比较阅读主要是指将内容相近的两篇文章组合在一起后进行对比阅读。在阅读过程中引导学生对相关内容进行不断的比较、对照与鉴别,以活跃学生的思想,开阔其眼界,使学生对文章的认识更加充分、深刻。②

三、案例与研究

(一)主题引领,统整教学

作为课文的文章是经过编者加工的,其深浅、难易基本符合学生学习语文的学段要求。统编版语文教材的课文编排中,充分体现了单元主题式教学的意识,每一组课文都有明确的单元主题和人文要素。我们可以利用教材既有的编排优势,按照教学需求组建群文,从而达到以一篇带多篇的目的。

如统编版语文三年级上册第三单元,该单元有《去年的树》《那一定会很好》《在牛肚子里旅行》和《一块奶酪》四篇课文。分析这四篇文本的组合特点,不难发现该单元是一个"童话"单元,编者的意图显而易见,旨在向教师和学生渗透文体阅读意识。③

(二)文本整合,有机关联

统编版语文教材的编排都以一单元一主题的形式呈现,故教师要明确本单元的单元主体和语文要素。在阅读中教师可以引导学生自主发现课文不同的类型、不同的表达方式,激发学生阅读故事的兴趣,从而升华主题。从简单的问题入手,让学生重读文本,比较异同,深入理解。

统编版语文二年级下册第八单元的单元主题是"改变",通过《大象的耳朵》《蜘蛛开店》《青蛙卖泥塘》三篇文章形成主题性群文。其中《大象的耳朵》作为"定篇"出现,

---

① 仇晓华.深度学习视域下的群文阅读教学探究[J].语文天地,2020(9).
② 彭昆.浅析小学语文群文阅读教学策略[J].语文天地,2020(9).
③ 仇晓华.深度学习视域下的群文阅读教学探究[J].语文天地,2020(9).

《蜘蛛开店》《青蛙卖泥塘》是本课例的"例文""样本",三篇选文分布合理,适合低年级阅读。教师以《大象的耳朵》为例,设计阅读学习单让学生感悟课文所揭示的道理。然后学生利用所学的方法,合作完成《蜘蛛开店》和《青蛙卖泥塘》的学习单。学生通过圈画对应的人物、起因、经过、结果等关键词句,小组合作讨论填写表格,教师引导学生理清故事中蕴含的道理。在课后总结拓展环节,教师还推荐了相应的书籍,有机关联了本单元的文体,让学生学会用所学的方法阅读类似的文章。本课例让学生利用一节课的实践,在短时间内阅读一组文本,增加了学生的阅读量,拓宽了学生的阅读面,让学生在广泛阅读中感受故事的魅力,激发了学生对故事的喜爱和兴趣。

(三) 对比文体,学会鉴赏

统编版语文教材中有不少课文在课后编排了"阅读链接"栏目,旨在培养学生形成对文本的鉴赏能力和批判性思维。如何有效地把"阅读链接"和课文内容有效结合,是培养学生学会鉴赏的关键要素。

例如统编版语文四年级上册第三单元《蟋蟀的住宅》,这篇课文的作者是法国的法布尔;课后习题中又出示了另一篇选自英国麦加文的《昆虫》语段。这两篇文章都是描写同一对象——蟋蟀,但所采用的表达方式是不同的。法布尔的文章语言生动形象,多用拟人的修辞表达;而麦加文的叙述方式比较直白、简单,更具专业性。学生在比较中体会不同表达的作用,初步掌握鉴赏文章的能力。

四、研究结论

基于以上研究,我得出以下结论:

(1) 群文阅读有效地提高了学生的阅读效果,为学生良好阅读能力的培养奠定了坚实的基础。

(2) 群文阅读有效地提升了学生的阅读速度,有效地锻炼了学生的阅读能力,极大地提高了学生的思维灵活性和敏感性。

(3) 群文资源突出了学生的阅读主体地位,提高了学生的阅读积极性。群文资源极大地丰富了学生的阅读内容,满足了学生对新知识的学习需求。

不过，群文阅读教学时也要注意以下几点：

① 要结合学生的特点和实际选择群文阅读材料。

② 群文阅读要注重学生的自主发展。

③ 群文阅读不能只追求阅读量，教师还需要锻炼学生总结、分析的能力。

（撰稿人：朱文文）

第三节

板书资源与建构学习

随着新课程改革的深入,小学英语教学单元整体设计进一步提升了学生语言运用的能力,加强了学生对学习内容的理解。而在单元设计要素中,板书设计是非常重要的一环。板书是教材内容的体现,是开启学生思维的钥匙,是教师实施教学的支持,能够为学生的语言学习建构框架。通过板书,学生能够更明确本节课的学习要求,了解本节课的语言要求,能够从板书中获取语言框架,利用建构的语言框架学习并运用语言。由此可见,课堂板书设计在提升学生课堂学习效率、实现有效互动等方面都起着重要作用。本文主要论述和研究如何利用不同的板书资源为学生的语言学习建构框架,使板书资源帮助学生提升综合语言运用能力。

一、理论与依据

《义务教育英语课程标准(2011年版)》中指出:"义务教育阶段英语课程的主要目的是为学生发展综合语言运用能力打基础,为他们继续学习英语和未来发展创造有利条件。语言既是交流的工具,也是思维的工具。"英语学习应面向全体学生,教师应关注语言学习中学生的不同特点和个体差异,因此,板书资源在课堂中的应用应是为了支持学生发展综合语言运用能力的。

(一)理论基础

普遍认为建构主义理论最早由著名的心理学家皮亚杰提出。建构主义教育思想提倡将学生作为课堂主体,教师则起主导作用。建构主义认为,教学不在于教师讲授,也非学生听讲,而是教师通过引导,让学生自我认知、自我构建,从而获得知识。因此,建构主义应作为方法论,对教学实践加以完善,使学习不再是被动接受,而转变为学生主动地学习知识,并依据以往独特的知识经验,通过自我经验与外部世界相互支持而构建知识,在实践中得以完善。①

为了支持学习者的主动探索和完成意义建构,在学习过程中要为学习者提供各种信息资源(包括各种类型的教学媒体和教学资料),用于支持其自主学习和协作式探索。建构主义学习强调学生是认知主体、是意义的主动建构者,所以是把学生对知识的意义建构作为整个学习过程的最终目的。教学设计通常不是从分析教学目标开始,而是从如何创设有利于学生意义建构的情境开始,整个教学设计过程紧紧围绕"意义建构"这个中心而展开,不论是学生的独立探索、协作学习还是教师辅导,总之,学习过程中的一切活动都要从属于这一中心,都要有利于完成和深化学生对所学知识的意义建构。②

板书是指教师在课堂黑板上对一堂课的教学内容进行的高度概括,呈现课时教学内容的书面语言。板书设计是教师课堂教学的必备基本技能之一,是对板书资源呈现的设想和设计。从动态角度理解,板书是教师根据课堂教学的实际需要,在直观的教具(主要指黑板)上以文字、符号、表格和图片等形式传递教学信息的教学行为方式。从静态角度理解,板书是教师在教学过程中为帮助学生理解和掌握知识,并对知识进行构建梳理,而利用教学用具(主要是黑板),以凝练的文字、符号、表格和图片等呈现的教学信息的总称。③

(二)研究依据

《义务教育英语课程标准(2011年版)》中提出了义务教育阶段英语课程的总目

---

① 丁书琴,陈春香.建构主义视域下课堂板书的应用——以小学英语课堂为例[J].文教资料,2017(16).
② 杨丽珍.浅论建构主义对新课程改革的影响[J].福建教育学院学报,2008(11).
③ 张海珠.教学技能[M].北京:北京师范大学,2013.

标,即"通过英语学习使学生形成初步的综合语言运用能力,促进心智发展,提高综合人文素养"。在英语教学过程中,教师要根据学情因材施教,在设置教学情境、运用教学手段和方法的过程中,要以促进学生综合语言运用能力的发展为总目标。板书,作为教学中最重要的辅助工具之一,教师在实际设计与运用时,亦需要满足英语课程标准的新要求。[①] 板书资源的利用不管是对于学生还是对于教师,都具有极大的意义。对于教师,多利用板书资源首先能够提高教育中对板书应用及设计的能力,能够梳理教学环节,使之服务于课堂。对于学生而言,板书资源能使学生在课堂上更加有效地掌握和记忆知识,提高课堂成效;学生能够将抽象的语言知识通过板书资源在脑海中建构知识网络,促进学习。在课堂上多利用板书资源还有利于教师引导学生更好地融入教学语境,使学生形成良好的英语学习策略,提升英语学习思维,形成良好的情感态度价值观,促进自主学习能力,提高综合语言运用能力;同时也能够改变教师的教学理念,由仅仅关注语言知识技能的教授转变为注重培养学生情感态度、思维和学习能力,从而通过教学设计来达到转变学生的语言学习方式的目的。

二、操作与方法

板书资源的利用及设计应凸显教学核心语言内容,能够支持语用任务的完成以及能够展现教学信息的逻辑关系。

(一) 以板书资源,建构核心语言框架

具有语义功能的板书是英语教学中必不可少的一个环节,它是每位教师在备课过程中对教材理解并构思后的产物,是学生获取知识、感知信息的视觉渠道,是学生构建自身知识体系和将其实践表达的桥梁和工具。因此,教师应预设学生在课堂中的学习活动,逐步提取出课时教学内容中的核心内容及核心信息,通过板书突出呈现课时的核心语言内容,从而帮助学生学习并梳理本课时文本的内容,使学生能够理解文本的内容及语义功能。

[①] 尚莹.小学英语教师板书设计的策略研究[J].卷宗,2020(2).

（二）以板书资源，支持语用任务完成

语用是语言学习的最终目标。在小学英语教学过程中，我们要培养学生使用语言解决实际问题的能力，使学生能够在生活中用英语，提高语言表达能力，发挥语言的学习价值。因此在教学过程中，教师要基于单元及单课语用任务和教学目标，提炼教学内容并在板书上呈现核心内容。教师在板书上对教学内容的设计和布局，使板书资源具有语言支架的功能，使教学内容能够转化为学生自己的语言内容，从而使小学生能够更具象地了解语言知识，梳理语言结构，更顺利地开展语用任务，达成语用目标。

（三）以板书资源，展现信息逻辑关系

对提取出的核心信息，使用一些关键词、图片、线条、箭头等进行辅助和重组，使板书能够帮助学生在课堂中理解、构建教学内容框架，在课堂语言训练的过程中更好地厘清文本信息之间的逻辑关系，构建表达的逻辑思维。同时，板书显现的信息逻辑关系也能清晰地显示出一堂课的教学脉络，能够帮助教师厘清教学的过程与教学思路，从而使学生的课堂学习经历更具有逻辑性，学生能更好地进行语言训练，达成语用目标。[1]

三、案例与研究

板书资源的呈现可以基于学科及学生的年龄特点，依据教学目标、语篇的结构特点、教学过程和方法设计进行，下面通过3个案例说明。

（一）建构图文并茂式板书，形成语言内容资源

板书资源为学生思维的视觉化提供了有效的支持，它使学生通过视觉观看，更加容易地理解英语的学习内容，掌握知识。因此，对教学内容进行梳理设计，通过板书呈现核心语言内容，能够帮助学生理解文本信息，加深学生对话题内容的理解和感受。下面将以牛津教材"2A Module3 Unit3 In the kitchen Period1 A good girl in the kitchen"这一课为例进行说明，板书设计见图7-3-1。

---

[1] 朱浦.单元单项要素的设计[M].上海：上海教育出版社，2020.

图 7-3-1　"2AM3U3 In the kitchen Period1"板书

本课时语言知识与技能目标为：①能跟读含有字母 Qq、Rr 的单词并尝试书写；②能理解并初步使用核心词汇 bowl、plate、spoon、chopsticks；③能感知、理解并运用句型"What do you need?"询问他人所需的餐具，并用"I need ..."回答；④运用核心句型"How many ...?"询问餐具数量，感知"There is/are ..."句型；⑤能在"cook dinner"的语境中，根据妈妈所烧的食物选择正确的餐具种类。课堂中主要运用儿歌、问答、对话、师生互动、合作学习等形式让学生对语言知识进行练习，从而使学生能够了解厨房用品的名称及做饭需要的物品。最终，学生能够达成在语境中模仿人物，借助板书使用核心词句说出需要的物品并对需要的物品及数量进行问答的语言运用目标。为了达成目标，本课时中教师将教学文本进行了整合，内容见图 7-3-2。

从教学内容可见，本单元主题为"In the kitchen"，本课时话题为"A good girl in the kitchen"，围绕这个话题，聚焦本课时的核心句型"What do you need? I need ... How many ...?"以及核心词汇 chopsticks、plate、spoon、bowl，教师通过"妈妈和女儿为生日的爸爸准备晚餐，女孩帮助妈妈"的语境，使学生理解并初步使用本单元核心词汇通过核心句型进行提问。从板书中可见，教师利用图片的形式使整个板书形成语境，让学生明白本课时内容的语境为"in the kitchen"。本课时的板书呈现上，先将相关的厨房用品出示在板书右侧，依据低年级学生的年龄特点选择了图片与单词相结合的方

(It's father's birthday, Linda and Mum are cooking in the kitchen.)

1. Mum: Let's cook noodles.
   Linda: what do you need?
   Mum: I need chopsticks.
   Linda: Here you are.
   Mum: Thank you.

2. Mum: The chicken is ready.
   Linda: What do you need?
   Mum: I need plates.
   Linda: How many plates?
   Mum: Two plates.
   Linda: Here you are.
   Mum: Thank you.

3. Mum: The soup is ready.
   Linda: what do you need?
   Mum: I need spoons.
   Linda: How many spoons?
   Mum: Three spoons.
   Linda: Here you are.
   Mum: Thank you.

4. Mum: The rice is ready.
   Linda: what do you need?
   Mum: I need bowls.
   Linda: How many bowls?
   Mum: Three bowls.
   Linda: Here you are.
   Mum: Thank you.

（You are a good girl.）

图 7-3-2 教学文本

式,加强学生对语义的理解。板书左侧则是妈妈和女儿的对话,也就是本课时的核心句型。从板书上可以发现单词与"I need..."句型相互对应,单词图片所呈现的物品数量与教学文本一致。在课堂教学推进的过程中,学生能够在教师的引导下,通过左右两部分的板书说出所需要的物品及其数量,从而清晰地了解本课时的语言内容,更好地识记语言知识,最终厘清信息,加强语用。

（二）建构表格式板书,形成语言任务资源

表格式的板书资源能够对教学内容有规律地排序,将不同的信息有规律地整理在一起,结合多媒体中呈现的主要句型,帮助学生梳理语言结构,支持语用任务的完成。下面以牛津教材"4A Module4 Unit3 Weather Period1 The weather in China and Australia"这一案例进行说明,板书见图 7-3-3。

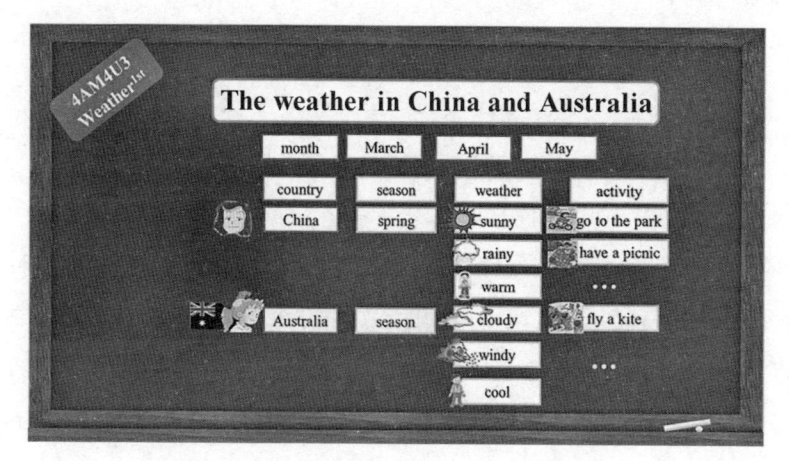

第七章　策略性资源:学会学习的知识与工具

图 7-3-3　4AM4U3 Weather Period1 板书

本课时语言知识与技能目标为:①能正确跟读含有字母组合 th 的单词,感知其在单词中的发音;②能听懂、读懂并朗读核心词汇 sunny、rainy、cloudy、windy、warm、cool,知道其音、义、形;③能听懂、读懂并朗读核心词汇 March、April、May、China、Australia,并尝试运用于文本描述中;④能初步运用"How is the weather in ...?"对某个国家进行天气的询问并回答;⑤能初步运用句型"I live in ..."表达自己所处的国家;⑥能运用"What season is it in ...?"对某个国家的季节进行询问;⑦能在语境中获取信息,并借助板书进行表达。学生需在课堂中通过儿歌、问答、对话、师生互动、合作学习等形式运用英语了解不同国家有不同的天气,达成在语境中模仿人物,借助板书从国家、季节、天气、活动等方面描述某个地区的天气情况的语言运用目标。教师将本课时教学文本内容整合如下:

I'm Jill. I live in China. I have a friend, Amy. She is from Australia. We often chat on Wechat (微信) with each other.

Jill: I went to the Century Park last week. It's so beautiful. Look! (Show a picture)

Amy: Oh, it's so beautiful.

Jill: It's spring now. There are three months in spring. They are March, April,

189

May. It's sunny, rainy and warm. I can go to the park and have a picnic. How is the weather now in Australia?

Amy：It's cloudy, windy and cool. It's autumn. There are three months in autumn. They are March, April and May. I can fly a kite.

本单元主题为"Weather"，本课时话题为"The weather in China and Australia"，通过 Jill 和澳大利亚朋友 Amy 之间的对话，学生能够从国家、季节、天气、活动等方面描述某个地区的天气情况。为达成语用目标，教师采用了表格式的板书为学生梳理信息。表格式板书通过"country、season、weather、activity"四个方面对教学内容进行有规律的排列，将不同的信息通过不同的颜色呈现并归类，使两个国家的三、四、五月份季节、天气、活动的对比更为清晰，为学生最后的语用输出提供了语言支架功能。通过板书的排列和布局，培养学生的语言逻辑，使板书成为语言支架，支持学生展开复述活动，支持学生完成本课时的语用任务。

(三) 建构提纲式板书，形成信息关系资源

高年级故事类的教学语篇中往往涉及的信息较多，语言的结构也不如低年级的清晰，但一般具有清晰的线索布局，教师可以通过时间、地点、人物、起因、经过、结果等线索，引导学生厘清语篇结构、理解文本内容并讲述故事。下面以牛津教材"5A Module4 Unit1 Water Period3 The journey of Little Water Drop"为例进行说明。板书设计见图 7-3-4。

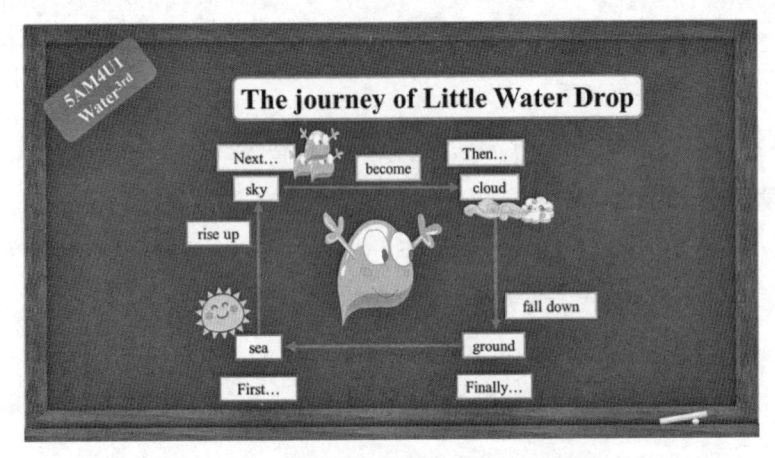

图 7-3-4 "5AM4U1 Water Period3"板书

本课时语言知识与技能目标为：①能知道字母(字母组)ch、g、j、sh、s在单词中的发音规则；②能熟练地朗读并理解first、next、then、finally的含义；③能够理解词组rise up、fall down的意思；④能在语境中正确运用first、next、then、finally表述先后顺序；⑤能理解语篇内容，了解语篇基本结构，获取相关信息。学生通过扫读等方式理解语篇的大意，通过阅读尝试概括大意，并尝试说说水循环的先后顺序，从而认识水，感受大自然中水循环的原理，最终达成简单描述水循环的过程的语言运用目标。本课时教学内容整合如下：

Little Water Drop lives in the sea. It is raining. Many raindrops fall from the sky. 'I really want to go up to the sky.' says Little Water Drop. He meets Mr. Sun. Mr. Sun helps him. The Sun shines and Little Water Drop gets hot. He rises up to the sky. It is cool there. He meets many other Little Water Drops. So many water drops go up together and become a cloud! Now, Little Water Drop is in a cloud. He wants to travel around the world. He meets Miss Wind. Miss Wind helps him. Little Water Drop flies over rivers and mountains. One day, he sees some trees. 'We are thirsty.' say the trees. Little Water Drop feels sad. He wants to help them. Little Water Drop falls down to the ground. A tree drinks him. Now, Little Water Drop is inside the tree. He feels happy. Other little water drops are back to the sea. They will have another journey soon.

本单元主题为"Water"，本课时话题为"The journey of Little Water Drop"，本课时语用任务为学生能够熟练运用first、next、then、finally来简单描述水循环的过程。为了达成目标，需要给学生提供清晰、准确的逻辑，从而使学生能够使用自己的语言进行故事的复述并真正理解水循环的过程。因此，在板书中，教师使用了本课时的主要人物Little Water Drop，通过Little Water Drop在四个阶段不同位置(sea，sky，cloud，ground)之间的移动以及板书中的箭头，学生能从Little Water Drop的位置变化中厘清故事的完整逻辑。同时通过rise up、fall down、become等动词梳理故事的发展，通过太阳、风的图片启发学生的思维，理解Little Water Drop能够rise up及fly over the mountains的原因，最后通过ground与sea两个部分之间的箭头链接，提示学生水的运动轨迹是循环的。在课堂中通过板书梳理信息间的逻辑关系,使学生厘清语篇的脉络结构,帮助学生更好地理解语篇语义,培养学生的语言逻辑思维,从而更好地达到语用效果。

四、研究结论

在英语教学过程中,单元教学活动的设计包含基于任务活动的设计、基于功能活动的设计、思维品质融入的活动设计、育人价值融入的活动设计、文化意识融入的活动设计、故事阅读活动设计、语音学习活动设计。[①] 教师应着力于对学生语言运用能力的培养,使其语言知识技能能够在一定的语境中形成框架,并能够在具体场景中进行运用。板书作为课堂教学工具,能够将知识转化为视觉框架,提供教学情境,通过案例可以发现,板书能够在教学过程中为学生提供核心语言的教学。板书的设计布局提炼了教学内容,梳理了语言结构,能够帮助学生厘清教学语篇,建构语用框架,提高语言运用能力。图文并茂的板书资源为学生的语言运用创造了语言环境,使学生的学习过程得到了辅助与支撑。由此可见,板书资源能够帮助学生建构知识体系,提升学生的语用任务的完成度,使英语课堂的语言教学效果得到提升。

值得注意的是,板书要展示什么、如何展示,需要教师通过解读教材,基于教学目标来明确单元的核心内容,分析教学内容,明晰其基本信息、结构及语义,如此才能使板书更好地服务课堂,不可将单词和句子随意摆放,要注意板书设计的艺术性,低年级板书切忌全文字板书,太过死板的板书不利于激发学生学习的积极性。

(撰稿人:陆梦迪)

[①] 朱浦.单元单项要素的设计[M].上海:上海教育出版社,2020.

第八章　情境性资源：进入学习的生动场景

情境性资源是为满足学生需要而创设的学习情境，学生在具体的场景中学习知识、运用知识。创设的学习情境应尽量贴近学生的经验，关注学生的情感体验，富有情境化色彩，让学生产生较强的参与感，吸引学生主动进入情境，扩大参与性。此外，教师还要设计与情境相关的学习活动，通过现代信息技术提供情境学习的材料，让学习在活动中发生。

- 第一节　生活资源与自主学习
- 第二节　绘本资源与立体学习
- 第三节　媒体资源与视听学习
- 第四节　主题语境与活动学习

情境观认为,知识是一种动态的建构与组织,是个体与环境交互作用过程中建构的一种交互状态。[1] 情境认知理论也认为,知识的产生是个体参与到新的情境并在情境中进行协商的结果。知识是情境化的,通过在合适情境中借助活动进行解释和运用,促进学习者理解和把握知识。[2] 情境认知理论倡导在教学中实施以学习者为中心的情境教学,强调情境在学习中的意义,主张把知识、学习、学习主体置于真实或拟真的情境之中。[3] 它认为,内容、背景、实践共同体、参与这四个要素的有机整合构成了教学情境的基础;良好的教学情境能引发学生的认知冲突,动摇学生已有认知结构的平衡状态,激发学生思维的主动性和求知欲,推动学生带着浓厚的兴趣去学习、理解、钻研学习内容。[4]

　　情境教学需要为学生创设一定的情境,将学生带入学习的场景,让学生在具体的场景中学习知识、运用知识。情境是经验中的情境,教师创设的情境应尽量贴近学生的经验,能在情感上引起学生的共鸣,吸引学生主动进入情境,扩大参与性。在选择情境性的教学资源时,要关注学生的情感体验,要富有情境化色彩,让学生产生较强的参与感。除了创设情境,教师还要设计与情境相关的学习活动,让学习在活动中发生。教师可以选择语言、文字、图形等资源,也可以通过现代信息技术提供扮演的场景、操作的材料等,为学生在情境中的学习提供保障。

---

[1] 周友士.情境认知教学理念探微[J].当代教育科学,2005(19).
[2] 陈秋怡.情境学习理论文献综述[J].基础教育研究,2016(19).
[3] 周友士.情境认知教学理念探微[J].当代教育科学,2005(19).
[4] 莫琼,罗蓉,范跃萍.基于情境认知理论的英语教学情境设计[J].曲靖师范学院学报,2009,28(4).

第一节

生活资源与自主学习

小学自然以学生熟悉的自然现象和其身边的事物为研究对象,通过科学探究活动和实践交流活动,促使学生形成正确的科学观念和理性的科学思维,是一门对小学生进行科学科技启蒙教育的课程。对于小学生而言,学习自然科学要从生活开始,只有抓住他们的好奇心和善于探究的心理,才能激发他们学习科学、探索科学的兴趣。

《上海市小学自然课程标准(试行稿)》指出,自然课堂内容的选择和组织应以学生的兴趣和经验为基础,应尽可能贴近学生的生活,以学生学习和生活中能触摸到的事物为载体,为学生提供充分的动手机会和思维空间。因此,生活资源能成为很好的自然课程的教学资源。而自然课堂的自主学习主要指学生在教师的引导下,积极主动地去学习、去获取、去分析、去发展的学习方式。

一、理论与依据

通过开展生活化情境教学,让学生学会将学科教学内容和实际生活联系起来,从而激发学生的自主创新意识,促进学生的思维发展。利用生活课程资源培养学生的自主学习能力有深刻的研究依据和理论基础。

(一)理论基础

建构主义学习理论关注学生在学校里的学习,使学习更加贴近外部世界的真实情感,现已成为当代学习理论的一个潮流。在建构主义看来,学习转移实际上是在新条件下重新建构知识。知识是在情境中产生的,知识的学习必须依附于情境,脱离了生活的知识是缺少生命的。知识如果不能被实际应用,就只是一个抽象的存在,不会被人们理解。自然课程的教学目标应该是解决学生在现实生活中遇到的问题,采用真实的任务,设置类似于实际问题情境的教学情境,引导学生在解决问题时采用类似于真实专家的环境和条件,获取隐含在实际情境中的知识、概念和工具。

迁移理论认为学习迁移是指先后学习之间的互相影响,即前一种学习对后一种学习的影响。生活化教学的一种方法就是建立生活化的教学情境,为以后遇到类似问题提供知识迁移,使学习者能够很快习得该知识。小学科学是一门与生活关系密切的学科,如果教学情境模拟真实的生活情境呈现,经过教师有目的地引导,学生会比较容易获得该知识,并且锻炼了他们在实际生活中应用知识解决问题的能力,当遇到类似问题时,可以解答得游刃有余,促进学习的迁移。

(二) 研究依据

本次研究是以《小学自然学科核心素养研究报告》和小学自然教学的学科要求为指导,基于教学实践,从现实问题出发,聚焦学生学习的一次探索。

《上海市小学自然课程标准(试行稿)》指出,小学自然以全面培养学生的科学素养为宗旨,承担对小学生进行科学启蒙教育的任务,是小学阶段一门综合性基础学科;小学自然以科学探究为核心,让学生经历探究活动和解决问题的过程,体验科学的过程和本质,培养探究精神。科学源于生活,也应用于生活。课程标准强调要设计符合小学生身心发展和小学自然学科特点的课程体系,自然课内容的选择和组织应以学生的兴趣和经验为基础,应尽可能贴近学生的生活,以学生学习和生活中能触摸到的事物为载体,为学生提供充分的动手机会和思维空间,尽可能让学生在情境中感受自然的奥秘和学习科学的乐趣,自主体验科学与生活的密切关系。

因此,生活资源在小学自然教学中尤为重要。研究生活资源在促进学生自主学习方式的变革中发挥的作用,对小学自然学科教学及教育研究来说至关重要。

二、操作与方法

在自然教学实践中,我们发现利用生活资源、创设生活化的教学情境可以激发学生的学习兴趣,因此,我们以学生的生活为切入点进行教学设计,为学生学习方式的改变提供了新的思路。

(一)创设生活情境,引发学生自主探究欲望

在小学科学教学中,教师要发挥自身的引导作用,要和学生一起创设生活化的教学情境,促使学生对生活中的现象和情境进行回忆和思考。教师应该把课本知识与学生感知的实际生活紧密结合起来,激发小学生学习科学、探索未知的积极性,使课堂充满乐趣。[1]

在学习"溶解"这一课时,教师可以这样创设情境:"老师现在特别想喝一杯红糖水,但是糖溶在水中需要很长时间,你有什么办法能让我尽快喝到糖水呢?"学生会联想自己在生活中家长是如何做的,于是给老师出主意:"可以用热水泡糖。""可以拿根筷子一直搅拌。"通过创设生活情境,落实理论联系实际的原则,让学生能通过所学知识"想得到"生活中的应用,培养学生的科学思维,让学生学为所用。

(二)联系生活资源,激发学生学习兴趣

教师要认真分析学生的认知特点,并能从学生的生活经验出发,以学生的生活为切入点进行教学设计。教师要把学生从"听讲"中解放出来,使其积极参与科学活动;要关注学生对生活现象的好奇心,引导学生自主探究,把生活和科学紧密联系起来。[2]

在学习"塑料"这一节课时,教师可以从学生的生活经验入手,让学生寻找身边的塑料制品,通过分组观察、实验探究塑料的特性,区分不同种塑料的特性。最后,通过塑料严重导致白色污染的视频,培养学生的环保意识。这时,可以联系现在上海提倡的垃圾分类,出示不同的塑料材质,让学生放进垃圾桶。同时,科普不同类型的垃圾分

---

[1] 李小龙.小学科学生活化教学的策略[J].西部素质教育,2019,5(24).
[2] 司海岭.小学科学教学的生活化[J].教育学文摘,2020(8).

类，使学生将科学知识运用于生活中，培养学生的环保意识。

（三）延伸课堂入生活，提供自主学习契机

小学自然以科学探究为核心，让学生经历探究活动和解决问题的过程，体验科学，培养探究精神。然而，很多知识的探索并不是立马能得出结论的，很多探究在课堂上难以呈现，比如那些体现生长过程的探究，或者是需要时间积累收集资料的探究，都需要很长时间的观察才能得到结论。这时自然的课堂就不能局限于课堂那三十五分钟，教师必须将课堂有效延伸到课外，利用生活课程资源让学生自主探究，给学生机会自主学习，提高其学习效率，培养其科学素养。

"种子的萌发"这一课的知识需要学生用很长的时间对种子的萌发进行观察，在一节课上是讲不清楚的。因此，教师可在课前安排学生进行长周期活动的观察、记录，使他们不仅能直观地了解种子的萌发条件和萌发过程，更能激发他们对植物的热爱和深入探究，为他们自主学习提供契机。

三、案例与研究

运用生活资源变革学生自主学习的方式，在自然教学中有一定的操作与方法，能激发学生的学习兴趣。下面以四年级第一学期小学自然"静电"教学片段为例，研究生活资源对于学生自主学习的重要作用。

学生活动：学生用梳子梳头。

师：同学们，你们发现头发有什么变化吗？

生1：头发飞起来了。

生2：头发互相碰到一起。

师引出知识点——静电。

师：同学们，在生活中你们还见过哪些静电现象呢？

生3：我用手摸电视机屏幕会有触电的感觉。

师:老师也遇到过这种现象。

生4:在冬天脱毛衣的时候会有"滋滋"的声音。

师:你观察得真仔细。

生5:在冬天,用手去触摸门把手有时候会有触电的感觉。

师:你在生活中是一个细心的人。

师板贴:这就是生活中的静电现象。

"静电"一课是在学生原有的一些对静电的认知水平和生活经验基础上教学的。在日常生活中,学生有这样的经验:用塑料梳子梳干燥的头发,头发会贴在梳子上;秋天,脱毛衣会听到"滋滋"声,用手触摸门把手时会有触电的感觉……对于这些生活中的静电现象,绝大多数学生没有进行过深入的探究。

由于静电现象的原理较为复杂且抽象,如果教师仅用口头讲授的方式,学生很难真正掌握其中的原理。因此,本节课先让学生感受静电。学生摩擦直尺、气球等后去"吸"起小纸片,以此感受静电,并通过讨论得出:可以通过摩擦的方法使一些物体带上静电;摩擦可以产生静电。随后教师利用静电计演示实验及视频的讲解,使学生发现电荷种类的不同,知道同种电荷相互排斥、异种电荷相互吸引,并能对生活中有趣的静电现象进行解释。

以上海远东出版社《自然》(牛津版)教材五年级第一学期第三单元"天气"教学内容的第四课时"风"为例,展示教师如何利用生活中风的相关资源开展教学。

师:同学们,你们知道纸蛇为什么会转动吗?

生:因为热空气上升。

师:在日常生活中,你们见过哪些现象是热空气上升导致的吗?

生1:热气球是利用烧火使得热空气上升,撑起热气球上升。

生2:孔明灯也是利用热空气上升。

师：你们真聪明。那老师有一个生活小常识考考你们：冬天开空调，风口是向下还是向上能让房间快速变暖？

生3：老师我知道了！是风口向下吹房间会较快变暖，因为热空气会上升，向下吹后，房间内的空气会快速变暖。

师：你能利用课堂上的知识点解释生活现象，你真棒！

生4：老师我想说一个猜想：夏天时空调风口要向上才能使得房间快速变冷，因为冷空气会下沉。

师：你的猜想是正确的，而且你还能举一反三，脑筋转得真快！

师板贴：热空气上升。

风是常见的天气现象，学生并不陌生，本课为学生探究风的形成提供一些简单而有效的活动，通过点燃蜡烛让"小蛇"飘动起来，引导学生思考为什么点燃蜡烛后能使空气流动，学生会利用热空气上升的知识进行推测。学生再尝试设计实验，通过观察烟雾飘动的路径，以及感受两个瓶口处温度的不同，总结出风是由热空气上升后外部的冷空气不断补充进来产生的。可见课堂教学联系生活资源能激发学生的学习兴趣。

四、研究结论

实践证明，在小学自然教学中充分利用生活资源，不仅是现代社会对教师的要求，也是让学生将科学知识和现代社会生活紧密联系起来的重要途径。

1. 利用生活资源进行教学，可以建立学生的科学观念

小学科学是一门研究生活中的现象和自然现象的学科，因此会出现很多抽象知识、专业知识。但是小学生往往以形象思维为主，抽象思维刚刚形成。因此，教学中借助具体的事物形象或图画会让学生更好地理解知识、理解科学。因此，在教学中利用生活资源进行教学，能让学生了解科学、喜欢科学。

2. 利用生活资源进行教学，可以培养学生的科学思维

教师可以创设生活情境来开展小学科学教学，这不仅有利于激发学生对于科学知识的学习兴趣，加深对科学概念的理解，更能增强其对科学知识的运用能力，加强知识和生活的紧密联系。

3. 利用生活资源进行教学，可以提升学生的自主学习能力

利用生活资源进行教学，能够提高学生的提问能力以及科学探究能力，培养学生的创新意识以及积极健康的科学态度，对学生科学素养的培养非常重要。

当然，利用生活资源变革学生自主学习的方式，要注意以学生为主体，让学生做课堂的主人，教师引导组织学生根据问题情境主动合作探究，学生利用已有的生活知识经验来解决问题。而非教师一步步紧紧追问学生，因担心学生不能正确理解科学观念而过多干涉探究活动，这样是不能让学生更好地自主学习的。

（撰稿人：蒋苑）

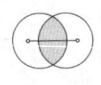

第二节

绘本资源与立体学习

绘本是以手绘图画来讲故事的儿童读物。其特点是以画为主，字少而画面丰富，以画传达故事情节，很符合儿童的阅读兴趣。好的绘本，每幅图都有丰富的内涵，图与图之间呈现独特的叙事关系，表达出绘本的整体意境，能留给孩子想象的空间，能带给孩子美的熏陶和教育。[①]

在教学中，老师们都非常重视学生阅读能力的培养，绘本阅读这种新的形式进入大家的视野。让孩子喜欢上绘本阅读，能在一定程度上弥补纯文本阅读的局限性。绘本，利用图画与文字相结合的方式，讲述一个完整的故事，画面精美、布局合理、色彩艳丽、创造语境，更加符合儿童形象性思维的特点，尤其适合小学低年段的孩子独自阅读、师生共读或者亲子阅读。绘本对激发孩子的阅读兴趣，提高孩子的口语交际能力和培养孩子的写作能力有很大的积极作用。

一、理论与依据

小学低年段的学生处于认知发展的初期阶段，对一切事物都具有较强的好奇心，绘本阅读正符合儿童的年龄特点。学生在与绘本资源直接对话的过程中，除了被接连

[①] 陈玲.阅读如此美丽——浅谈幼儿园绘本阅读的指导策略[J].新课程(教育学术),2010(8).

不断的精彩图画吸引外,自然也会产生这样或那样的疑问,这便是学生思考的过程。[①] 在指导阅读绘本的时候,教师应该鼓励学生善于发现绘本资源的问题,敢于提出不同的问题以提高他们的观察力和思维能力。

(一)理论基础

建构主义学习理论认为,知识是学习者在一定的情境下,借助他人的帮助,利用必要的学习材料,通过意义建构的方式主动获得的。因此,建构主义学习理论强调发挥情境、协作、会话和意义四个要素在学习中的关键作用。"意义的建构"是学习过程的最终目的。"情境"是"意义建构"的首要条件,"协作"与"会话"则展现了"意义建构"的具体过程。

在语文学习中,通过绘本教学,以上所讲的这几个要素都能得到充分的展现和运用,能对意义的建构产生积极的作用,从而更好地完成教学任务。"情境"要素,绘本阅读本身就能带来既简单又真实的情境,营造语言环境。例如,当我们阅读绘本《大卫,不可以》时,整个阅读过程中小读者都会与大卫产生共鸣,跟他一起调皮,感受大卫的快乐、紧张、担忧等情绪。同时绘本中所描绘的环境也是学生非常熟悉的,提升了融入感。

"协作"更是绘本阅读教学本身自带的独特优势。在绘本教学过程中,老师和学生之间、学生和学生之间、家长与孩子之间、人与绘本之间的对话,绘本故事与真实生活之间的联结,会产生让人意想不到的连接点,可以说"协作"几乎伴随整个绘本教学全程。"会话"就是绘本教学中语言表达的过程,学生可以根据教师提供的精美图画进行流畅的语言表达,甚至还会加上自己的想象,在绘本的语言环境中不知不觉提高语言表达的能力。

(二)研究依据

《义务教育语文课程标准(2011年版)》对低学段学生的要求是:"喜欢阅读,感受阅读的乐趣。养成爱护图书的习惯。""阅读浅近的童话、寓言、故事,向往美好的情境,关心自然和生命,对感兴趣的人物和事件有自己的感受和想法,并乐于与人交流。"而

---

① 王静.绘本阅读在小学低段语文学习中的有效利用探析[J].启迪与智慧(教育),2016(1).

对老师的要求是:"写作教学应贴近学生实际,让学生易于动笔,乐于表达。"要"为学生的自主写作提供有利条件和广阔空间,减少对学生写作的束缚,鼓励自由表达和有创意的表达,鼓励写想象中的事物。"

二、操作与方法

绘本故事涉及生活中的方方面面:自然、科学、地理、历史、情感等。故事中许多情节的发展都蕴含着丰富的科学知识或生活经验,教师应善于发现这些细节,并加以引导启发,寓教于乐,让学生在读故事的乐趣中掌握丰富的自然和人文知识,习得日常生活的礼仪和规范的行为举止,并且从中懂得做人的道理。[①]

(一)走进绘本阅读,提高理解能力

孩子们都喜欢听故事,绘本就是一种通过图画与文字的相互配合来讲故事的图画书。在听故事或读故事的过程中,由于图画的直观性,会给读者很多提示,孩子们的想象力会飞得更远、飞得更高,注意力会更加集中。

(二)面向作者对话,培养交际能力

对于刚入小学的学生来说,他们常常会将自己当作绘本中的主人公,走入故事情节,随着主人公一起经历。读完故事以后,孩子们常常会情不自禁地与人交流,此时就是一个非常好的锻炼口语表达能力的机会,说一说绘本故事的主要内容,谈一谈读过绘本后的感受等,都能让学生与作者进行对话,促进学生口语交际能力的提升。

(三)理解绘本内容,增强写作能力

对于低年级孩子来说,学习写作刚刚起步,许多孩子不知如何下笔、从哪下手。仔细翻阅绘本,我们就会发现,很多绘本言简意赅、句式单一,这就为低年级学生学习规范的语言提供了很好的范本。在教师和学生充分共读绘本的基础上,让学生对绘本故事进行仿写、续写和创新,发挥自己的想象力,表达真情实感,这种能力对于写作来说非常难得,值得去引导和挖掘。

[①] 李慧.浅谈绘本教学的目的及实施方法[J].山海经(故事),2017(6).

通过以上方法和技巧的运用,相信教师在进行绘本教学时可以营造适宜的语境,抓住学生的心理特点,找到适合的教学方法,让学生乐于阅读绘本,享受绘本所带来的乐趣。

三、案例与研究

(一)感受图画之美中促进阅读理解

一年级的学生刚从幼儿园毕业升入小学,而语文学习是从拼音和笔画开始的,很多日常用字学生还不认识,此时让他们阅读一本纯文字的书不太现实,绘本阅读就成为了一个很好的选择。浅显易懂而不失乐趣的文字,色彩鲜艳的图片搭配内容丰富的故事,一个个鲜活的主人公和生动有趣的故事就展现在了学生的面前。这种图文并茂、易于阅读的形式能够很轻松地被学生接受,激发学生的阅读兴趣,使其感受图画的魅力。

绘本是以图画为主,伴有少量文字的图书,这就需要学生根据已知图片的内容推测未知的内容,自然会引起学生对图片的深入观察和理解。一本好的绘本,不仅仅是在讲故事,同时也是在引导学生仔细观察,发挥想象的翅膀,丰富内心世界,在绘本阅读中提升读图能力和想象能力。一次外出听课,一位老师教学绘本《菲菲生气了》,就是让学生仔细观察菲菲挑高的眉毛、瞪大的眼睛和嘴型的变化来知道菲菲生气了,根据菲菲的手握成拳头、气得火冒三丈等细节想象菲菲生气时的样子,使学生对图画内容有了更深的理解和想象。

(二)角色扮演中品味语言精妙

绘本阅读的形式有很多种,如教师范读、学生自读、亲子共读等,学校中比较常见的就是教师范读。在学生不能完成独立的阅读之前,教师根据最近发展区理论协助学生了解故事内容,用声情并茂的朗读吸引学生的注意力,引起他们对绘本的阅读兴趣。如在阅读《小猪变形记》的绘本时,由于内容非常有趣滑稽,我就采用幽默的语言和夸张的动作来演绎小猪的行为,学生开怀大笑,在欢乐的气氛中感受绘本的主题。可见我生动的语言已经让孩子们不由自主地进入了绘本阅读。又如《月亮的味道》这种存在对话形式的绘本,就可以采用小组合作的方式,让每个人担任不同的角色,人人参与,增加绘本阅读的互动性。

一提起低年级小朋友喜欢的绘本我就想到了《大卫,不可以》,孩子们对它都爱不释手。有趣的大卫画像,贴近孩子实际生活的画面,让一个顽皮的男孩形象跃然纸上,全书只有一句重复的语言:"大卫,不可以!"但是简单的语言配上生活中常见的画面好像让学生在书中看到了平时的自己;尤其是一些调皮的男孩子们,他们可能遇到过和大卫同样的境况,引起了共鸣。此时如果让他们选择自己感兴趣的一页来说一说,定能讲得头头是道。以下是学生口述:

> 大卫在浴缸里洗澡。澡盆里放着一些大卫喜欢的玩具:有游泳圈、军舰、小黄鸭、水雷、鲨鱼等。澡盆里的水早已经流出来了,水流得满地都是,可怜的"八爪鱼"被冲到了地板上,瞪着又大又圆的眼睛不知道怎么办。而大卫仍然大开着水龙头,面戴潜水镜,头戴海盗帽,手里拿着鲨鱼玩具,把这里当作水上乐园,不管不顾地玩水。此时大卫的妈妈说"大卫,不可以!"。因为这样洗澡增加了妈妈的家务负担,要重新刷洗卫生间,也浪费水资源,我们应当从小节约用水,保护地球。

瞧,这就是绘本的魅力,让孩子们真正走进书本里,走进作者的心里,兴致勃勃地编织出一个又一个有趣的故事,好像自己也是书里的主角。

(三) 丰富表达中贯通阅读与生活

文学源于生活,绘本更是与学生的生活息息相关,仿佛处处都有生活的影子,并且充满情趣。绘本《我爸爸》内容比较简单,但是却非常有趣。小作者说"我爸爸吃的比马还多!"时,图片上爸爸的头像真的变成了一只马。"我爸爸笑起来像一只河马一样!"图片上爸爸的头像真的变成了一只河马,引得同学们哈哈大笑。当读到这里时,我设计了一个写作练习:请你也为爸爸画张画像,我爸爸像_____一样_____。

孩子们的答案五花八门，精彩纷呈：我爸爸像老虎一样威武；我爸爸像王子一样绅士；我爸爸像熊猫一样可爱；我爸爸像斗牛士一样勇敢。

看到孩子们兴趣盎然，我让他们继续创作：_____像_____一样_____。他们继续发散思维，有的说"小草像毛毯一样柔软"；有的说"妈妈的笑容像阳光一样灿烂"；还有的说"天上的云朵像棉花糖一样洁白"。学生在反复的写作练习中不断思考、不断创新，不仅练习了句式的写作，而且还加深了对文本的理解。

小学低年级的学生识字量和阅读量有限，很多同学在写作练习中常常提起笔不知道写什么，不知道从哪入手，这时绘本就体现出了它的优势。比如有关节日的习作练习，可以阅读《节日里的中国》，里面对中国的节日和习俗都有详细的介绍，配上优美的插图，让人如痴如醉；不仅增长学生的知识，还加深学生对中国传统文化的理解，并且为学生的习作练习提供素材，一举多得。

四、研究结论

绘本用精美的图画和简练的语言，构成了一个个有趣且富有内涵的故事，生动的图画给学生留下了想象的空间，甚至是一个标点符号都能引起不同语气的表达。在绘本阅读中我们要积极引导孩子仔细观察图画中的人物、色彩、细节变化，充分发挥想象力来练习说话，使绘本的内容更加充实丰盈。

（1）一本小小的绘本，却蕴藏着一个丰富的世界。共读一本好的绘本，就是在学生心中种下一颗热爱阅读的种子，能提高学生的阅读理解能力。

（2）通过不断地听绘本、讲绘本、演绘本，在阅读绘本的过程中提高学生的口语表达能力。

（3）把故事和学生的生活联系起来，引导学生观察和思考绘本是如何进行叙述的，进而把绘本的叙事顺序应用到自己的习作之中，提高基础写作能力。

我们在绘本教学时要注意以下两点：一是不同阶段的绘本读物有着不同的侧重点，所以应该根据小学生的特点选择适合的读物，这样才能使绘本阅读发挥最大的作用；二是在进行绘本教学时不能一味地讲授，那就变成填鸭式阅读了，要充分发挥学生的积极主动性,调动他们参与的兴趣,活跃课堂气氛。

阅读是一件无比幸福的事情,绘本阅读更是快乐、幽默、充满情趣的事,希望同学们能在绘本中感受阅读的乐趣,学到扎实的本领,提升语文学习能力,认识更加精彩的世界,让绘本成为低年级语文学习的乐园。

(撰稿人:佟雪)

第三节

媒体资源与视听学习

多媒体是指组合了两种或两种以上媒体的一种人机交互式信息交流和传播媒体，包含了文字、图片、照片、声音、动画和影片等多种媒体形式，以及其所提供的互动功能。近年来，多媒体技术的发展及其在教学中的应用已经非常普遍，甚至很多音乐教室已配备了数字化的白板与激光投影。教师与学生对音乐资源获取的途径与方式也发生了巨大的变革。单纯的教与学，传统的听与唱，已无法达到《义务教育音乐课程标准(2011年版)》中指出的音乐课程具有的审美性、人文性与实践性三个主要特性及"突出音乐特点，关注学科综合""弘扬民族音乐，理解音乐文化多样性"等课程基本理念的要求。教师在备课中也不再满足于使用教材中的音频和简单的多媒体课件，而是倾向于利用更丰富的多媒体教学资源，更生动、直观地激发学生的学习兴趣。

如何利用多媒体减负增效提高学生的学习兴趣、达到教师想要的教学效果，值得我们进一步思考。

一、理念与依据

(一) 理论基础

理查德·梅耶是美国知名教育心理学家和实验心理学家，他始终关注如何利用多媒体手段提升教学效果。他和同事设计了100多个实验来测试不同的多媒体信息呈现方式对学习效果的影响,将教学和多媒体整合在一起,构建出了多媒体教学设计原理。多媒体学习过程涉及两个重要的认知机制。一是双通道机制,是指人有单独的通道加工视觉信息和言语信息,双通道的学习效果优于单通道。在此基础上,梅耶结合自己早期有关研究和以往认知心理学研究,于2001年正式提出了梅耶多媒体学习认知理论。二是容量有限机制,此机制源于认知负荷理论,梅耶在此基础上构建了认知负荷的三元架构,并提出了如何降低无效的认知负荷,激发主动的、有意义学习的生成性认知负荷的一些原理和原则。梅耶的多媒体学习理论便于操作,对于多媒体教学软件的信息加工具有现实的指导意义。[①]

(二) 研究依据

《义务教育音乐课程标准(2011年版)》在"合理运用现代教育技术手段"部分指出:以信息技术为代表的现代教育技术扩展了音乐教学的容量,丰富了教学手段和教学资源,在音乐教育中有着广阔的应用前景。音乐教师应合理利用现代教育技术视听结合、声像一体、资源丰富等优点,为教学服务。现代教育技术给音乐教学带来了重大变革,大大扩展了音乐教学的容量和空间,极大地丰富了教学手段和教学资源,而且有着十分广阔的前景;丰富、开阔了学生的音乐生活的范围和音乐视野。因此,教师要认清现代教育技术带来的新形式。而媒体资源无疑是现代教育技术手段中的佼佼者。它以音乐作品为载体,通过艺术化的声音组合,作用于人的听觉,激发情感、促进思维,展现音乐艺术的审美内涵;它以音乐艺术中不同地域、不同时代、不同风格的文化脉络和民族情感,体现鲜明的人文价值;它以音乐活动为渠道,通过音乐经验与情感体验的获得,凸显课程的实践性质。[②] 基于课程定位,多媒体无疑是音乐教学的最好帮手之一。

音乐课是融合音响、影像为一体的学科,随着传统音乐教学的习惯和思想的变革,音乐课程内容越来越丰富,歌唱、舞蹈、戏曲、音乐欣赏甚至打击乐等综合类课程都被吸收进小学音乐课堂。教师可以创设音乐主题情景,指导学生收集各类音响素材(有条件的可借助多媒体技术采集、制作音响素材),按兴趣爱好或能力特长分组,结合唱、

---

① 赖晓云.多媒体教学软件信息设计与加工策略研究——基于梅耶多媒体教学设计原理[J].电化教育研究,2015,36(1).
② 上海市教育委员会.上海市中小学音乐课程标准[M].上海:上海教育出版社,2011.

奏、舞、演等手段进行音乐情景小品的合作编创;引导学生主动与伙伴交流,以"编创与表演的情景符合音乐主题特征"为评价依据,开展自评、互评,改进、完善编创成果并表演,体验创作的乐趣和成功的快乐。

多媒体的有效运用能为学生欣赏、感受音乐创造良好的情境,便于培养学生想象、律动、表演、创造等方面的能力;多媒体能将真实的画面、动听的音乐、美妙的歌声集于一体,使学生更直观地享受音乐带来的美,让学生在潜移默化中加深对音乐的感受和理解;由此可见,多媒体教学更加适应现代化教育,符合当今社会小学生的心理需求。

二、操作与方法

现代多媒体技术在音乐课堂中的应用对改变传统音乐课堂的教学形式有着直接的影响。这样的改变无疑会影响课堂教学结构的变化。笔者综合自身教学实践,依托《义务教育音乐课程标准(2011年版)》,结合对多媒体教学方法的理解,总结了以下几条用媒体资源变革视听学习的方式。

(一)用多媒体感受体验

突出音乐特点,关注学科综合。《义务教育音乐课程标准(2011年版)》中指出:音乐学科的学科综合,包括音乐课程不同教学领域之间的综合;音乐与诗歌、舞蹈、戏剧、影视、美术等不同艺术门类的综合;音乐与艺术之外的其他学科的综合。多媒体的应用帮助我们更好地融合了这种音乐课堂的多元文化教学。小学音乐教材中有许多不同地域、不同风格的音乐,也有各类演唱方法、各种创作手段的音乐,课堂中教师单纯用语言、演唱等方式教学已无法达到音乐多元文化的渗透要求。而利用丰富的多媒体技术,把找寻到的资料做成教学课件,通过多感官让学生去感受体验,真实又自然,温润又美好,学生更能够体会"和乐课堂"的魅力。

(二)用多媒体探索引导

多媒体教学是一种新型的教学手段和学习方式,充满感染力的音效、直观生动的图像、细致的音视频结合改变了过去教师单一的教学模式。它特有的视听和声像技术能够引导学生身临其境地感受,打破传统音乐教学在时间和空间上的限制;它把复杂的各种多媒体设备,融合在同一个教学手段之中,操作简单易行;它丰富了教学内容,生动了教学形式;它培养了学生的学习兴趣,激发了学生的学习动力;它能实现多种教学模式的转换。课堂上的多媒体教学,可以从听觉、视觉等角度帮助学生理解新课内容,加深对音乐的情感理解,培养音乐兴趣,提高审美能力,快速了解音乐背景与相关文化知识。

(三)用多媒体整合提升

音乐新课程的基本理念要求多媒体技术与音乐新课程进行全面的、深层次的整合,这种整合更加符合音乐新课程改革中的以学生为中心的学习模式,对音乐教学中多媒体技术的灵活运用具有指导意义;也更符合音乐核心素养培养学生学习乐趣、培养学生成为课堂的主人、培养学生以审美为核心的基本理念。在以学生为中心的学习模式下,在多媒体技术的帮助下,师生双方积极主动地投入情感、交流互动,彰显了音乐美——这种特殊的情感表达方式之美。多媒体技术的应用,对传统音乐课堂进行了整合与提升。多媒体的教育更丰富、更广阔,也为音乐教育教学观念的转变提供了大量的技术支持和保证。

三、案例与研究

打破传统音乐欣赏模式,用好用活多媒体。以欣赏课《孤独的牧羊人》为例,教师充分应用多媒体,让学生在《音乐之声》电影片段欣赏中进行审美体验,促进课堂教学目标达成。

(一)导入环节用多媒体播放《音乐之声》剪辑片段感受体验

短短几分钟的新课导入,教师先后使用了三次多媒体,首先用《音乐之声》这部电影中的一首著名插曲《DoReMi》作为复习律动导入,创设快乐情境,激发了学生的学习兴趣,学生在唱唱跳跳中进行审美体验,感受了歌曲的美,也为欣赏新授歌曲做了铺垫。紧接着教师对歌曲进行了简单的分析,将歌曲分析直观地展示在多媒体上,引导学生自由发言。最后在欣赏教师精心剪辑的电影视频片段中,在教师"画外音"的讲解下,学生不仅了解了电影前半段的概要,还巧妙地点出了歌曲《DoReMi》在电影中的出处。由此,教师将学生了无痕迹地引入新授部分的学习中。

(二) 欣赏环节用多媒体播放电影片段《孤独的牧羊人》探索引导

在新授乐曲欣赏这一环节教师引导学生安静聆听了完整歌曲。教师使用多媒体技术播放了电影《音乐之声》中非常精彩的一个片段——木偶戏《孤独的牧羊人》(剪辑版),这也是这堂课的重点学习内容。为了更好地引导学生学习歌曲,节约课堂时间,教师使用多媒体技术将原片进行了精简,使学生既完整地欣赏了歌曲,又了解了歌曲在电影作品中以怎样的演绎形式出现;既有趣味,又能整体呈现音乐;既使学生明白了《孤独的牧羊人》在电影中的出处,又引导了学生对《音乐之声》这部电影深层理解。同时,教师设计了有效的提问引导学生关注音乐、感知音乐并能够用语言表达交流,提升了学生的音乐思维与表达能力。

教师精心设计了课堂学练活动,引导学生体验作品中各种音乐要素及其表现作用,学生运用识谱、歌唱、器乐演奏、律动表演、即兴创编等音乐技能表现歌曲,在丰富的音乐审美经历中获得音乐审美认知,强化审美体验,积累审美经验。此时再完整表演一遍歌曲,就能结束整节课的内容,《孤独的牧羊人》这首歌曲的教学任务就可以完成了。但教师没有这么做,因为就《音乐之声》整部电影来说,情节只进行了一半,戛然而止,破坏了整部电影的完整性,片段一中"看电影"的审美体验也就没有了延续性,因此教师进行了拓展欣赏。

(三) 拓展环节用多媒体播放不同版本的插曲《雪绒花》整合提升

相同的歌曲在不同的场合演唱,表达了不同的情感。在影片中,《雪绒花》这首歌曲出现了两次,一次是在家庭温馨的聚会时间,另一次是在上校全家逃往瑞士前参加的"民歌大赛"上。家庭聚会上的《雪绒花》,教师引导学生感受到的是安宁、抒情的情绪,而在"民歌大赛"上,《雪绒花》却俨然成为了一首表达奥地利人民爱国情怀的爱国作品!教师向学生介绍了《雪绒花》的人文背景,并用多媒体将两个版本的《雪绒花》对比播放,使学生了解到相同音乐在影片中的不同情境下,用不同的情感演唱,歌曲会被赋予不同的灵魂、传递不同的情感。教师富有激情的语言引导,激发学生的共鸣,引发学生的爱国主义情感。

在聆听过程中教师适时地解说与启发,体现了学科育德的时效性。"民歌大赛"

上,上校由于心情过于悲伤、激动,演唱不下去了,这时,教师暂停了视频的播放,抛出一个问题:"上校为什么演唱不下去了?"引发学生思考,并在学生回答的基础上加以提炼升华。在影片观看完毕后,教师再次提问:"是谁和他一起演唱完了歌曲?"并根据学生回答进行总结提炼,这种适时的解说和启发,自然而然地激发了学生的情感共鸣,彰显学科育德时效。

本节课,教师充分利用多媒体挖掘音乐教育的思想情感教育因素,使学生在多媒体课堂实践中探索、在多媒体教学方式中体验、在多媒体教学整合中提升,潜移默化地让学生受到影响、启迪,直至意志上受到熏陶、感染。

四、研究结论

综上所述,运用多媒体的教学是作用于情感领域的教育活动;充分利用多媒体,发挥音乐教材中美的因素,能培养学生的审美情趣,进一步提升教学的实效性。因此,笔者得出以下几条结论。

(1) 多媒体教学能使学生在掌握音乐知识与技能,以及欣赏、演唱等过程中获得审美情感、提高审美能力,促进良好心理品质的形成。

(2) 多媒体教学能让学生在音乐的熏陶下萌发对音乐的兴趣和爱好,能创造出一种促进学生自主、合作、探究学习的环境。

(3) 多媒体教学能令学生在美妙的环境中欣赏音乐,走进音乐,欣赏美、感受美、创造美。

(4) 多媒体教学能养成学生健康的审美情趣,提高其心理素质,净化其心灵,培养其高尚的情操,增强其自主学习意识、音乐素质及各项能力。

当然,我们也不能滥用多媒体、过于依赖多媒体而忽略了教师自身的专业发展。在教学中要合理利用多媒体互动,要教师主导而不是单项输出,注重实效,多媒体教学切勿喧宾夺主,才能在课堂教学中起到画龙点睛的作用。

(撰稿人:吴春)

第四节

主题语境与活动学习

高中英语课标指出,主题语境是英语课程内容的六大要素之一;主题为语言学习提供主题范围或主题语境;学生对主题意义的探究影响学生语篇理解的程度、思维发展的水平和语言学习的成效。小学生思维发展的阶段性特点是:思维表现活跃但思维集成程度较低。主题教学法的出现非常好地带领我们走出了目前小学英语课堂的困境。主题语境的创设,不仅能够吸引学生的注意力,从而提高听课专注度,还能激发学生的学习兴趣,有效地解决思维偏离等问题。另外,随着信息化时代的到来,基础英语教育也正经历着深刻的变化,包括教学资源数字化、教学手段信息化、学习方式多元化。[1] 为了进一步提高小学英语教学质量,变革英语课堂学习方式,教师需要探索、开发、更新符合时代、符合学科的资源设计。那么如何基于主题意义探究来探索资源设计的路径,从而变革英语课堂的活动学习方式,便是本文研究的目的之所在。

一、理论与依据

主题意义探究的课堂教学就是围绕一定的主题,设计课堂教学的目标、内容和活

---

[1] 邵晓霞. 数字化情境下中小学英语课堂教学方式变革之缘由、理念及路径[J]. 外语教学理论与实践,2017(1).

动。20世纪50年代,美国兴起了主题教学模式(thematic instruction、theme-bases instruction等)。学者李祖祥将其基本内涵表述为:在建构主义学习理论和多元智能理论的指导下,通过跨学科领域的主题探究与活动来发挥学生的主体建构性和主观能动性,从而实现促进学生全面发展。① 通俗地来说,主题教学的基本思路是:在真实情境中围绕主题开展教学;根据主题设计教学目标和具体教学要求;根据教学目标和教学要求设计教学活动,帮助学生实现认知和非认知学习目标。②

《义务教育英语课程标准(2011年版)》指出,英语课程是一门工具性和人文性统一的课程。脱离语境的单一知识学习和碎片化学习已经不能够满足现代英语课程的教学需求。学生的语言知识学习和技能训练不再是简单的机械学习,而是要将其融入主题和语境之中,引导学生围绕主题意义来参与课堂教学活动。因此,要将英语教学同主题式教学结合在一起,使学生在学习语言知识和技能的同时,实现人文素养、学习能力和思维品质的协同发展,形成良好的人生观、世界观,促进全面发展。

教学资源为教学的有效开展提供素材等各种可被利用的条件,从狭义上来讲,教学资源(学习资源)主要包括教学材料、教学环境及教学后援系统。本文提到的资源设计属于狭义范畴,是相关教学材料的资源设计。课程标准指出:英语课程应根据教和学的需求,提供贴近学生、贴近生活、贴近时代的英语学习资源;积极利用音像、广播、电视、书报杂志、网络信息等,拓展学生学习和运用英语的渠道。在数字化情景下,英语课程资源设计的优化也迫在眉睫。小学英语课堂学习方式的构建,需要借助教材文本、多媒体资源、网络资源以及板书资源等教学课程资源,在演示、讨论、协商、实践中使学生掌握英语语言知识和语言技能,提高与人交往的能力和主动地创造性地分析解决问题的能力,从而促进学生心智的协同发展。

本文提到的资源设计是对教学课程资源的开发与设计,那么,主题语境资源设计(即基于主题意义探究的资源设计)可被定义为:根据主题式教学的要素特征或需求,对教学资源进行开发、组织和筛选的过程。

---

① 李祖祥.主题教学:内涵、策略与实践反思[J].中国教育学刊,2012(9).
② 程晓堂.基于主题意义探究的英语教学理念与实践[J].中小学外语教学(中学篇),2018,41(10).

二、操作与方法

结合以上几种教学课程资源的表现形式以及主题语境教学的基本概念和内涵,本文依托多样化主题教学方法打造课程资源,根据教学主题设计牵引课程资源开发思路,从以下三个方面来探讨主题语境资源是如何帮助变革小学英语课堂活动学习方式的:以主题文本搭建课堂活动的内容;以主题图片影音创设课堂活动的情境;以主题板书挖掘课堂活动的深层意义。

(一)以主题文本搭建课堂活动的内容

文本资源是教学的载体,是教师的教和学生的学之间的桥梁。教材是文本资源的主要来源。即使是在数字化的今天,如何通过解读教材进而发掘文本资源也是影响课堂效率高低的重要因素。教学设计的第一步就是对语篇进行深入的解读,这是教师有效引领主题意义探究的前提。整合创编后的主题语境下的文本资源是一种以语篇为载体、以挖掘主题意义为中心的教学资源。它通过结合具体的语言知识和文化知识来培养学生的听说读写技能和学习策略。创编后的文本资源,以主题意义统领教学,不仅实现了信息的再建构,丰富了教学内容,也整体设计了教学过程。

(二)以主题图片影音创设课堂活动的情境

学生、文本、探究情境是主题意义探究中互相作用的要素。探究情境是主题意义探究的"场"。教师是主题意义探究情境的创设者,应通过创设探究情境吸引学生参与英语语言实践活动,使学生在探究情境中建构意义。[1] 高中英语课标指出:在主题探究活动的设计上,要注意激发学生参与活动的兴趣,调动学生已有的基于该主题的经验,帮助学生建构和完善新的知识结构,深化对该主题的理解和认识;通过一系列具有综合性、关联性特点的语言学习和思维活动,培养学生语言理解和表达的能力,推动学生对主题的深度学习。教师充分利用课堂的图片影音资源开展一系列的活动,给学生创造探究情境的条件,给学生创设生动的情境,优化教学方式。学生作为主体参与故

---

[1] 贾茗越.英语教学主题意义探究情境创设的"四化"策略[J].教学月刊·中学版(教学参考),2019(12).

事情境，从而促进对语言知识的掌握。

（三）以主题板书挖掘课堂活动的深层意义

高中英语课标指出，主题语境不仅规约着语言知识和文化知识的学习范畴，还为语言学习提供意义语境，并有机渗透情感、态度和价值观。基于主题意义探究的资源设计除了要创建与主题意义相关的活动语境、帮助学生学习语言知识和技能外，还应该充分挖掘特定主题所承载的文化信息，以及看到培养学生思维品质的重要性。这里我们强调探究课程背后的育人价值，探究语篇背后所蕴藏的人生观、世界观等价值导向。因此，教师在教学过程中，不仅要开辟一条培养学生学习语言知识和技能的知识线，更要开辟一条探究主题意义、挖掘深层内涵的思维线，进而上升到引导学生与课程内容产生共情的情感线。三线并重，却又在主题意义上层层递进。在小学英语教学过程中，板书是影响课堂教学效率的因素之一。上文提到的展现教师教学过程的那三条线，就能够很好地通过板书资源设计展示出来。虽然之前我们提到的教学活动也可以帮助挖掘课程深层内涵，但都不如板书资源展示得更为直观。

三、案例与研究

结合以上的三种操作方法，本文将以"5A Module 4 The natural world Unit 1 Water"的第二课时"The Yangtze River"为例，来看看三种不同的主题语境资源设计是如何帮助变革学生课堂活动学习方式的。

（一）以主题文本搭建课堂活动的内容

创编后的文本资源，以主题意义统领教学，不仅实现了信息的再建构，丰富了学生活动学习的内容，也整体设计了教学过程。我们以本课时为例，来看看基于主题意义探究的文本资源设计是如何通过解读教材文本资源和创编辅助文本来丰富学生学习内容，从而整体设计教学过程的。

1. 解读教材文本资源，活动内容上体现主题意义和学科融合

教材的原文是教师和学生一起完成关于长江报告的对话，是类似于说明文性质的科普类文章。对话描述了长江总长和流经路线，简单地概括了长江各个部分的基

本信息。笔者以小江豚莹莹的口吻将原文本创编为一份"搬家报告"(部分见图8-4-1)。

The Yangtze River
Giving a report
➢ I go to the Tanggula Mountains.
➢ First, the Yangtze River starts high in the mountains in the west of China.
➢ There are so many snow mountains around it.
➢ It is too cold.
➢ We can't live here.

图8-4-1 "搬家报告"示例

创编后的主文本既保留了教材文本的思路,即以"First/Next/Then/Finally, it…"等副词描述长江的基本流经路线,又增添了新的语言框架,如"There is/are…""It is too…"以及"We can't live here."等句型。在这样的创编下,学生既能扎实地学习本课时核心语言知识点——顺序副词的使用,又能始终紧跟模块主题"The natural world"以及单元主题"Water",了解长江各部分的水文特征及气候特征。如以"There are so many snow mountains around it.""It is too cold."等语句描述发源地雪山林立、气温低的特点;以"There is so much mud and sand in it.""It is too narrow."等语句描述长江中上游地区泥沙淤积、河道变窄的问题;以"There is so much rubbish in it.""It's too dirty."等语句描述中下游的环境污染等问题,最后得出"We can't live here.",即污染后的长江不适宜小江豚居住的结论。这些都是带有自然学科性质的描述。创编后的新文本是英语学科同自然地理学科知识相融合的成果,学生既拓宽了学习知识面,也培养了跨学科学习的能力。

2. 创编辅助文本资源，在活动推进的过程中提高审美能力

除了主文本，教师还创编了一些辅助文本资源（如图8-4-2所示）。辅助文本帮助创设了"小江豚搬家"的故事语境，在不同流域遇见不同的动物，层层递进地推进了有关长江的流经地叙述的展开。一路上，小江豚分别碰见了藏羚羊、小鱼以及扬子鳄等动物并展开对话。这些动物所生活的水域环境设定，都是教师在查阅资料后精心安排的，符合生活自然常识。由于篇幅限制，以上是笔者选取来展示的一部分：小江豚来到唐古拉山脉遇到藏羚羊时的对话。叙述完长江发源地的地貌特征和美景后，小江豚发出"gorgeous"的感慨。在此过程中，学生对大自然之美的热爱之情得到抒发，学生的审美情趣和审美能力得到提高，学生的非认知因素能力得到培养。学生在步步推进深入学习的同时，也提高了对美的感知能力。

图8-4-2 辅助文本资源示例

（二）以主题图片影音创设课堂活动的情境

教师充分利用课堂的图片影音资源开展一系列的活动，给学生创造探究情境的条件，给学生创设生动的情境，优化教学方式。学生作为主体参与故事情境，从而促进对语言知识的掌握。

1. 引入活动，情感铺垫

课堂导入阶段，教师播放网络视频《江豚的微笑》、小江豚自我介绍的影音（如图8-4-3），引入了本课时的主题，介绍了故事的主人公，也说明了故事发生场所。这激发了学生对后续活动的兴趣，调动了学生学习的积极性。而视频中江豚"水中熊猫"的

这一称号,也暗示着江豚濒临灭绝的处境,为学生后续对主题的深度学习和德育方面的情感体验做好铺垫。

图 8-4-3 小江豚的自我介绍

2. 推进活动,训练思维

长江之水在山间顺流而下,教师在讲授"run down the mountains"环节时,为了让学生感知理解动词短语的内涵和使用语境,使用了图片文字以及动画效果相结合的方式,向学生展示了小江豚和小鱼在山间顺流而下的场景(如图 8-4-4)。

图 8-4-4 场景示意

教师尝试使用配音以及自上而下的动画效果，使创设的主题语境更加逼真。本环节，学生能够感知理解动词短语的内涵和使用语境。篇幅限制，这仅仅是活动推进阶段的一个小环节，此外，教师还充分利用图片、音频、视频以及 PPT 动画等多媒体资源，向学生展示了小江豚在长江各个流域的所见所闻。小江豚每经过长江的一段流域都会做一份"搬家报告"，每一份搬家报告都是对核心语言点即顺序副词"First/Next/Then/Finally, it..."的操练和加深理解。经过一段段的操练，学生在探究主题意义的基础上掌握了语言知识，建构和完善了新的语言结构。学生进入主题语境中，代入感增强，激活已有知识，不仅领略了长江之美，还了解了长江各个流域的水文特征以及现阶段存在的环境问题。这样不仅增强了学生参与学习活动的积极性，更鼓励了他们对"大自然之美"以及"长江保护问题"等主题意义的深度探究，这是对学生思维品质的训练，也是培养其树立正确的人生观和价值观的体现。

（三）以主题板书挖掘课堂活动的深层意义

如前文所述，板书资源能很好地展现教师教学过程的三条线（知识线、思维线、情感线）。主题板书资源帮助学生更好地、更清晰地、更直观地梳理出课堂活动的主线，有利于进一步帮助学生体会活动背后的深层内涵，更好地挖掘活动学习背后的深层意义（如图 8-4-5）。

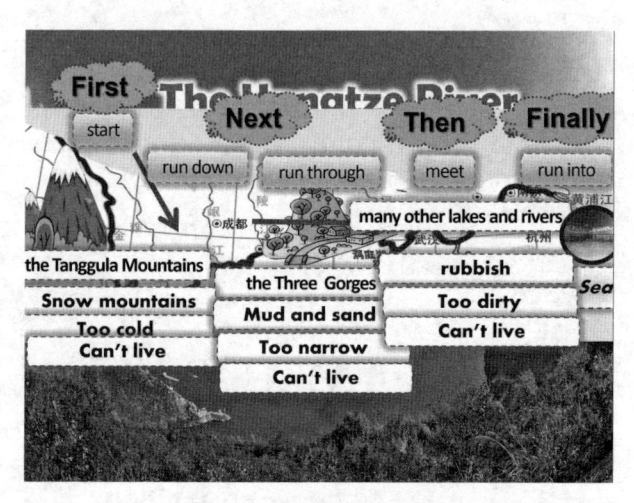

图 8-4-5　板书设计示意

从本课时的板书资源来看,本课时共有三条教学主线。第一条是本课时的基本语言知识框架线"First/Next/Then, it...; There is/are...; It is too...; We can't live here; Finally, it...; I can't move my home."。第二条线是知识主线与故事情境相互碰撞融合成的思维线。学生在语境的推动下代入小江豚的角色经过了长江流经的各个流域,不仅一步步地输出了核心语言框架,又在各项课堂活动中感受了大自然之美,了解了长江不同流域的水文特征以及存在的问题。板书资源很好地体现了学生对主题意义"大自然之美"以及"水"的探究,拓展了学生的跨学科知识,培养了学生对美的感知,从而培养了学生的思维品质。第三条线是学生作为学习主体在语境中同思维线碰撞的结果——情感线。小江豚由一开始的"smiling angel"到最后无家可归的"crying cowfish",水资源的环境保护问题通过小江豚的情感变化被生动地展现出来;加上在课程导入部分提到江豚是"the panda in the water",珍稀水下动物濒临灭绝的问题也被揭示出来,课程的主题意义得到进一步升华,整个课时小江豚的情感变化牵动着学生的心,引发学生的共情和思考,引导学生正确的人生观和价值观走向。三条主线不仅是板书的脉络,更是整堂课的设计脉络,以及学生参与学习活动的逻辑脉络。其夯实了学生对英语知识与技能的掌握,加强了学生对融合自然学科知识的认识,使学生拓展了视野,增强了审美能力,训练了学生的思维品质,更是增强了学生的情感体验,培养了学生正确的三观,是教师促进学生全面发展的一次努力尝试。

四、研究结论

综合以上的理论论述和资源设计实践,为了更好地变革小学英语课堂活动学习方式,小学英语课堂活动的教学资源设计应该根据教学的不同阶段,进行相对合适的资源设计,教师应重视以下几个方面的内容:

① 开发和整合教学资源时,要基于主题适当融合跨学科知识对教学活动进行整体设计。资源设计之前,要充分地解读教材,充分地利用好教材文本资源。可借助模块主题或单元主题,在充分解读本课时主题意义的基础上,根据主题语境适当地融合跨学科知识,创编整合文本,从整体上对教学活动内容和教学活动过程进行扩充和

把控。

②教学资源设计要能为学生的语言学习活动创设真实的语境。资源设计要服务于主题语境的创设,让学生的语言知识和技能在活动语境中得到进一步丰富和提升。课堂资源的选择可以来自网络,也可以是自己制作的影音动画资源。利用资源在主题意义探究中激发学生的学习兴趣,为学生深度意义学习做好准备。

③利用资源设计充分挖掘活动主题背后的深层意义,关注学生的思维能力培养。利用资源设计充分挖掘课程主题意义探究背后的深层文化价值和育人价值。课堂的教学资源设计不仅要能培养学生的语言知识和技能,更要能培养学生的思维品质和正确的人生观与价值观。

需要注意的是,在资源设计过程中教师不仅要关注资源设计技术的叠加,更要关注对教学理念创新的探索。在教学的不同阶段,进行相对合适的资源设计,才是转变小学英语课堂活动学习方式的关键。

(撰稿人:赵潇潇)

后　记

在实践研究的过程中,我们发现教师对资源设计以及如何通过资源设计促进学生学习方式的变革有了更深刻的认识,促进了自身的教师专业成长,也提升了学生的学习品质。在运用本书中的策略的过程中,还需要注意如下三点:

第一,"资源"与"资源设计"的区别要明晰。"资源"是现实生活中现成可用的,例如课文插图、文本、录音、动画视频等,只需要教师根据教学的需要恰当地运用在过程中。而"资源设计"是需要注入"新想法"的,可以是在现有资源上的修改,也可以是教师自己原创的资源,例如语文课例中的导学单和词卡,英语课例中的动画资源等。"资源设计"不是简单地应用,而是智慧地开发学生学习需要的载体、扶梯。

第二,资源设计必须能激发学习者的学习兴趣并同时达成学习目标。资源设计也有优劣之分,要避免"为了设计而设计";要充分考虑学生的特点,更好地展现学习内容。可以采用多种资源呈现的形式,达成学习目标。过程中,让学生愿意学、会学、主动地学习,体现由"学"到"习"的过程。合理构建整个学习过程,以至于能够激发学生的学习兴趣,驱动学生的学习动机,同时能够挖掘学生的潜能,培养他们的知识迁移能力和知识建构能力,使其形成"反思学习"的能力,真正提升学习的品质。

第三,资源设计转变的是多元化的学习方式。一个巧妙的资源设计是可以在整个教学过程中解决诸多学习问题的。正如书中案例所展示的那样,教师都进行了有效且合理的资源设计,语文课例中的导学单贯穿始终,相应的学生的学习方式也在不断地转变,从自主思考、辨析写作顺序,到同桌合作说说课文大意,再到小组合作尝试讲故事,体现了整个学习过程。我们可以说,学生的学习方式从原本较为扁平的读读、想想、说说,转变为读读、想想、说说、议议、辨辨、演演,凸显了学生的学习经历,让过程立体可见。数学案例中的学习任务单也起到了同样的作用。

总之,"和乐课堂"的实践和研究是学校办学理念的集中体现,通过资源设计改革传统课堂教学模式,重构教与学的关系,以"让课堂和谐,让学生快乐"为基准,使课堂模态从"教学"变成"学教",教师由"说教"变成"引导",学生的学习潜能被无限激发,逐步进入深度学习的可持续发展状态中。后续学校将继续聚焦"和乐"二字,以促进课堂品质提升为最终目标,多角度开展学科活动,进一步深化研究内容,丰实研究成果。

上海市嘉定区古猗小学　全体编委

"品质课程"阅读书目

学校整体课程规划	978-7-5760-0423-6	48.00	2022 年 1 月
推进育人方式变革的区域教学改进研究	978-7-5760-2314-5	56.00	2021 年 12 月
学校整体课程规划的七个关键	978-7-5760-0424-3	62.00	2021 年 3 月
课堂教学的 30 个微技术	978-7-5760-1043-5	52.00	2020 年 12 月
教学诠释学	978-7-5760-0394-9	42.00	2020 年 9 月

品质课程聚焦丛书

自组织课程：语文学科课程群新视角	978-7-5760-1796-0	48.00	2021 年 12 月
数学作为学习共同体：一种新的数学课程观	978-7-5760-1746-5	52.00	2021 年 12 月
学科育人的整体课程范式	978-7-5760-2290-2	46.00	2021 年 12 月
聚焦育人质量的学科课程设计	978-7-5760-2288-9	42.00	2021 年 11 月
活跃的学习图景：学校课程深度实施	978-7-5760-2287-2	48.00	2021 年 11 月
学科文化：英语学科课程新视角	978-7-5760-2289-6	48.00	2021 年 12 月
课程联结：学科课程群设计方法	978-7-5760-2285-8	44.00	2021 年 12 月
数学学科课程决策：专业视角	978-7-5760-2286-5	40.00	2021 年 12 月
特色项目课程：体育特色课程的校本建构	978-7-5760-2316-9	36.00	2021 年 12 月
进阶式探究课程设计：学科整合视角	978-7-5760-2315-2	38.00	2021 年 12 月
赋能思维：中学数学学科课程群设计	978-7-5760-2593-4	42.00	2022 年 4 月
语文学习维度与学科课程设计	978-7-5760-2592-7	42.00	2022 年 4 月
提升学校课程品质	978-7-5760-2596-5	52.00	2022 年 6 月
活跃学校课程实施	978-7-5760-2595-8	50.00	2022 年 6 月
确定学校课程哲学	978-7-5760-2594-1	44.00	2022 年 6 月
建构学校课程框架	978-7-5760-2597-2	48.00	2022 年 6 月
跨界课程：学科课程的边界拓展	978-7-5760-2680-1	48.00	2022 年 10 月
泛项目化课程：艺术学科视角	978-7-5760-2626-9	38.00	2022 年 10 月

特色学校聚焦丛书

儿童是天生的探索者：360° 科学启蒙教育	978-7-5675-9273-5	36.00	2020 年 2 月
做精神灿烂的教师：教师自我成长的 5 个密码	978-7-5760-0367-3	34.00	2020 年 7 月
让教育温暖而芬芳	978-7-5760-0537-0	36.00	2020 年 9 月

书名	ISBN	定价	出版时间
快乐教育与内涵生长	978-7-5760-0517-2	46.00	2020年12月
故事教育与儿童发展	978-7-5760-0671-1	39.00	2021年1月
美好教育：学校内涵发展的循证研究	978-7-5760-0866-1	34.00	2021年3月
把美好种进儿童心田	978-7-5760-0535-6	36.00	2021年3月
倾听生命的天籁："天籁教育"的实践与探索	978-7-5760-1433-4	38.00	2021年9月
为了每一个孩子的美好心愿	978-7-5760-1734-2	50.00	2021年9月
向着优秀生长："模范教育"的理念与实践	978-7-5760-1827-1	36.00	2021年11月
让个性自然发荣滋长："引发教育"的理论寻源与实践探索	978-7-5760-2600-9	38.00	2022年3月
面向每一个生命的教育	978-7-5760-2623-8	44.00	2022年8月
让每一个生命澄澈明亮："小水滴"课程的旨趣与创意	978-7-5760-2601-6	54.00	2022年8月

跨学科课程丛书

书名	ISBN	定价	出版时间
大情境课程：主题设计与创意评价	978-7-5760-0210-2	44.00	2020年5月
社会参与素养的培育模型与干预机制	978-7-5760-0211-9	36.00	2020年5月
大概念课程：幼儿园特色主题活动设计	978-7-5760-0656-8	52.00	2020年8月
项目学习：进入学科的课程智慧	978-7-5760-0578-3	38.00	2021年4月
STEAM课程的设计与实施	978-7-5760-1747-2	52.00	2021年10月
幼儿个性化运动课程	978-7-5760-1825-7	56.00	2021年11月
幼儿园特色课程的框架与实施	978-7-5760-2598-9	48.00	2022年3月
像博士一样探究：PHD课程的创意与探索	978-7-5760-3213-0	52.00	2023年2月

核心素养导向的课堂教学丛书

书名	ISBN	定价	出版时间
转识成智的课堂教学：核心素养导向的历史教学	978-7-5760-0164-8	40.00	2020年5月
学导式教学：学会学习的教学范式	978-7-5760-0278-2	42.00	2020年7月
高阶思维教学的关键技术	978-7-5760-0526-4	42.00	2021年1月
会呼吸的语文课：有氧语文的旨趣与实践	978-7-5760-1312-2	42.00	2021年5月
高阶思维教学的核心指向	978-7-5760-1518-8	38.00	2021年7月
磁性课堂：劳动技术课就这样上	978-7-5760-1528-7	42.00	2021年7月
核心素养导向的作业设计	978-7-5760-1609-3	40.00	2021年8月

语文，让精神更明亮	978-7-5760-1510-2	42.00	2021 年 9 月
"六会"教学法：基于核心素养的课堂教学	978-7-5760-1522-5	42.00	2021 年 9 月
深度教学的内在维度：数学反思性学习的六个策略	978-7-5760-2590-3	36.00	2022 年 3 月
具身学习的 18 种实践范式	978-7-5760-2591-0	38.00	2022 年 6 月
课堂是照亮彼此的地方	978-7-5760-2621-4	46.00	2022 年 7 月
以学习为中心的课堂范型	978-7-5760-2622-1	42.00	2022 年 8 月
简练语文：教学主张与实践智慧	978-7-5760-2681-8	56.00	2022 年 9 月

特色课程建设丛书

教师，生长的课程	978-7-5760-0609-4	34.00	2020 年 12 月
学校课程发展的实践范式	978-7-5760-0717-6	46.00	2020 年 12 月
丰富学习经历：如歌式课程的愿景与深度	978-7-5760-0785-5	42.00	2020 年 12 月
学科课程群设计方法	978-7-5760-0579-0	44.00	2021 年 3 月
学校美育课程的立体建构：菁华园课程的逻辑与框架	978-7-5760-0610-0	36.00	2021 年 3 月
关键学习素养与学科课程设计	978-7-5760-1208-8	34.00	2021 年 4 月
学校课程设计：愿景建构与深度实施	978-7-5760-1429-7	52.00	2021 年 4 月
生长性课程：看见儿童生长的力量	978-7-5760-1430-3	52.00	2021 年 4 月
"慧阅读"课程：儿童视角	978-7-5760-1608-6	42.00	2021 年 6 月
幼儿园特色课程的框架与实施	978-7-5760-2598-9	48.00	2022 年 3 月
课程是鲜活的："大视野课程"的旨趣与活性	978-7-5760-2599-6	42.00	2022 年 7 月
指向核心素养培育的学校课程图谱	978-7-5760-2624-5	42.00	2022 年 7 月

课堂教学新样态丛书

课堂，与美最近的距离：基于学科核心素养的课堂教学变革	978-7-5675-7486-1	38.00	2022 年 4 月
协同教学：意蕴与智慧	978-7-5675-8163-0	48.00	2022 年 4 月
决胜课堂 28 招	978-7-5760-2625-2	52.00	2022 年 4 月
一百个孩子，一百个世界：基于差异的教学变革	978-7-5675-6754-2	42.00	2022 年 11 月
课堂如诗："雅美课堂"的姿态	978-7-5675-7219-5	42.00	2022 年 11 月
在教室里眺望世界：基于 BYOD 的教学方式变革	978-7-5675-8247-7	52.00	2022 年 11 月
课堂教学的资源设计与方式变革	978-7-5760-3620-6	52.00	2023 年 2 月